UN CARNAVAL DE PARIS

DEUXIÈME SÉRIE.

PAR MÉRY

VII

L'Italie française.

Entre Paul et la jeune Italienne, il ne pouvait exister d'amour; il aimait trop éperdument Fleurette pour consentir à partager un cœur qu'elle possédait tout entier.

Les obstacles qui s'élevaient entre eux la lui rendaient encore plus chère; l'éloignement même, qui use tant de passions, fortifiait la sienne.

Le sentiment qui avait porté le cavalier et la cantatrice l'un vers l'autre n'avait uni que leur esprit et leur imagination, l'âme et le cœur étaient restés indifférents.

Paul ne partit qu'après avoir épuisé tous les moyens de connaître le sort et la demeure de Fleurette.

Le dépit qu'il éprouva de l'inutilité de ses recherches le poussa seul à un voyage auquel le moindre indice qui l'eût mis sur les traces de la jeune fille l'eût fait renoncer.

Il traversa Lyon et cette partie de la Savoie qui ouvre au voyageur, à travers le grand travail de percement de la grotte des Échelles, un chemin creusé entre deux murailles de rochers, sur un sol désolé, peuplé d'êtres malheureux, nains difformes dont les facultés intellectuelles sont plus imparfaites que leur horrible conformation.

Arrivé au pied du Mont-Cenis, on franchit cette première barrière des Alpes par une route ouverte sur le flanc de la pente septentrionale; elle serpente autour de la montagne, en présentant dans toute son étendue une voie commode, facile et accessible à tous les transports.

Cet ouvrage, digne de l'antiquité, fut commencé en 1805, par les ordres de Napoléon, l'année même où il fut sacré, à Milan, roi d'Italie.

Ce nouveau chemin, praticable en toute saison, fut

achevé en cinq mois par le chevalier Jean Fabbroni, qui y fit travailler trois mille ouvriers.

Parvenu au sommet du Mont-Cenis, on trouve l'hospice, dans lequel, à la première campagne d'Italie, toute l'armée française fut hébergée.

Rien n'égale le zèle des religieux qui habitent cet asile pour secourir les voyageurs que les mauvais temps, le froid, la neige et une bourrasque particulière à cette hauteur que l'on nomme *la tourmente*, mettent en péril.

Sur le plateau où est posé cet asile hospitalier, est un lac fort étendu, encaissé dans de hauts pitons qui l'entourent.

Il en sort une petite rivière qui va se jeter de l'autre côté des Alpes.

Dans ce lac aux eaux bleues, on pêche des truites excellentes, à plus de 2,666 mètres au-dessus du niveau de la mer.

De là, par le Pas-de-Suze, qui vit le cardinal Richelieu portant la cuirasse, on arrive à Turin, la ville la plus importante du Piémont, et dont les rois de Sardaigne ont fait la capitale de leurs États.

On est sur le seuil de l'Italie; déjà, dans l'aspect de cette cité, on aperçoit les traits de la physionomie italienne.

Comme à Rome, on y rencontre un grand nombre d'officiers et de moines.

Des rues spacieuses, longues et régulières sont disposées entre elles à angle droit, et forment un ensemble d'une noble harmonie, auquel de doubles portiques donnent un aspect monumental.

C'est la résidence des rois de Sardaigne.

Les édifices publics, les théâtres, les palais, les églises, les belles promenades, des rues qui sont citées pour leur beauté, de vastes places, le pont jeté sur le Pô, qui joint la ville à la colline, et les délices des environs font de ce séjour un endroit tout à fait royal.

Turin n'est, pour le voyageur pressé d'arriver à Milan, qu'une splendide étape.

A Milan, Paul était à peine descendu à l'hôtel le mieux famé, qu'on apporta pour lui une lettre, à laquelle était jointe une clef; la lettre était signée Masfi, c'était une femme qui l'avait écrite.

Peu au fait des usages de l'Italie, il ne comprenait pas ce que signifiaient ce message et cet envoi; il se livrait déjà à mille conjectures, lorsqu'on lui demanda une réponse; il lut la signature : on l'invitait à se rendre le soir, à *la Scala*, dans la loge dont la signora Masfi lui envoyait la clef.

Paul fut exact au rendez-vous et fit ouvrir la loge, dont la clef portait le numéro.

Il se trouva dans un petit salon profond et étroit, et que ces dispositions défendaient contre les regards du dehors.

Un double divan s'étendait des deux côtés; du plafond tombait un petit lustre.

Il y avait un guéridon dans une des encoignures.

L'ouverture qui donnait sur la salle était tendue d'épaisses draperies; en dehors de la loge, deux candélabres en applique devaient recevoir les bougies qu'on allume pour illuminer *a giorno*.

Deux femmes enveloppées dans une espèce de mantille de soie noire fort ample, et portant un voile de dentelle noire qui couvrait leur tête et leurs épaules, furent introduites.

Elles saluèrent le voyageur avec la plus courtoise *desinvoltura*.

Par une attention polie, elles parlaient français, langue dont se sert volontiers à Milan la haute société.

La *signora* remercia Paul de son exactitude, et ajouta qu'elle n'attendait pas moins d'un *signore* dont sa fille lui avait vanté la distinction.

Zanina sourit et pressa la main de Paul, comme pour lui rendre grâce d'être venu.

Paul lui demanda pourquoi elle avait si tôt quitté Paris, sans même s'être fait entendre dans un concert.

— Ma fille a eu peur, dit naïvement *la signora*.

— Votre public, reprit Zanina d'un air dédaigneux, est froid et glacé, même dans ses plus ardents transports; il n'y a aucune profondeur dans son enthousiasme; ses émotions sont toutes à la surface.

J'ai toujours été surprise que Paris, qui fait et défait les réputations, n'ait pas plus d'élans dans les triomphes qu'il décerne.

Vos spectateurs ne voient que l'agrément de la scène, sans tenir compte des émotions de l'artiste. Cette indifférence existe surtout dans les grands théâtres. Il y a sans doute des exceptions, mais elles ne font que confirmer la règle.

C'est toujours la *furia francese*, comme nous disons ici; une ardeur vive, mais courte et passagère; le délire d'un instant.

— Votre jugement est sévère, répondit Paul, mais il est vrai.

— Lorsqu'on n'a pas vu une salle italienne applaudir un acteur, un air, un mot, un chœur, une scène, un pas, tout ce qui l'amuse, l'émeut ou le charme, il est impossible de se faire une idée juste de ses transports, dont l'égoïsme et la vanité du monde parisien n'ont qu'une pâle copie.

En ce moment, il se fit un grand tumulte dans la salle.

— Peut-être, dit Zanina, allons-nous être témoins d'une de ces fougueuses démonstrations. On joue *Otello*, et c'est Carlo, le ténor favori des Milanais, qui, au lever du rideau, après le chœur d'introduction, va chanter la première cavatine. Vous verrez comme les spectateurs accueillent ici ceux dont leur culte fait des idoles !

Effectivement, au lever du rideau, après l'ouverture écoutée tout entière avec un silence religieux, au moment où le More, chef des armées de la sérénissime république, revient triomphant, précédé par le doge et accompagné par les sénateurs, un tonnerre d'applaudissements mêlés de félicitations éclatantes ébranla toute la salle.

A *la Scala*, il y a six rangs de loges qui s'élèvent au-dessus du parterre, *la platra*. Les trois premiers étages ont trente-six loges, et les étages supérieurs en ont trente-neuf.

Les trois mille six cents spectateurs que peut contenir cette salle se dressèrent comme un seul homme et poussèrent une immense acclamation.

Puis, au premier avertissement du chef d'orchestre, qui venait de frapper sur son pupitre, le calme se rétablit, silencieux, attentif et général.

— Eh bien ! cria Zanina triomphante et frappant joyeusement ses deux mains, qu'en dites-vous, seigneur Français ?

Pendant toute la durée de la représentation, ce furent les mêmes témoignages, qui ne s'inquiétèrent point d'interrompre la scène et de déranger l'action pour glorifier l'artiste aimé.

Zanina, qui s'était faite le cicerone de Paul, l'initia avec une verve spirituelle à la connaisssance et aux mystères de toute la belle société des loges patriciennes.

Il fut même présenté par la signora dans quelques-unes des plus considérables, où il reçut le meilleur accueil.

Le lendemain, il visita la ville avec ses deux guides, et grâce à la lucidité de leurs explications, il rentra instruit et charmé, avec une idée sinon exacte et complète, du moins avec l'intelligence qui pouvait le diriger dans un examen plus détaillé.

Il fut émerveillé par le nombre des richesses artistiques et architectoniques des grands établissements publics.

Le Dôme, à lui seul, avec sa montagne de marbre blanc, si miraculeusement ouvragé, est un véritable prodige de l'art religieux.

Ce fut avec joie qu'il retrouva à Milan l'existence parisienne dans ce qu'elle a de plus brillant et de plus animé.

Par une belle journée, au cours de la porte Orientale, les équipages étaient si nombreux et si riches, qu'il se crut aux Champs-Élysées et au Bois.

Il y a à Milan beaucoup de familles nobles qui jouissent d'une opulence que l'on ne trouve pas ailleurs.

Les Milanaises sont vraiment les Françaises de l'Italie ; elles ont une grâce plus robuste ; mais pleine d'une délicieuse volupté ; il y a chez elles un charme singulier.

Nulle part, on ne voit aux femmes de plus beaux yeux qu'à Milan ; elles ont les cheveux noirs ou d'un brun foncé, longs et abondants ; le teint de leur visage est bistré et a une chaude pâleur qui harmonise ses tons avec l'animation et la mobile vivacité de leurs traits.

Leur manière a un attrait naturel, subit, prompt et imprévu, une liberté charmante, des franchises et une originalité qui séduisent.

Elles adaptent avec beaucoup de goût à leur tournure et à leurs goûts les fantaisies parisiennes ; leurs relations ont généralement de la simplicité, de la douceur et de l'enjouement.

Toutefois, en Italie et surtout à Milan, dont les mœurs sont greffées sur les idées françaises, la vie est encore tout extérieure, elle se passe aux églises, aux théâtres, au Casino, au café, au Corso, sur la place, dans la rue et aux promenades.

Les familles elles-mêmes n'ont presque point d'existence ; le confortable intérieur est la chose que les Italiens comprennent le moins.

Paul s'accoutuma bientôt à ces habitudes ; il fut à Milan ce qu'il était à Paris, un modèle de distinction exquise.

On lui sut gré de cette complaisance et de n'avoir pas affecté des dédains ridicules et des préventions injustes ; il avait cette droiture de sens qui préserve toujours de la fatuité et de la sottise en pays étranger.

Bien reçu partout, il se lia promptement avec ce que la société de Milan a de plus distingué.

La noblesse italienne et les hauts fonctionnaires des deux nations forment à Milan une réunion d'élite qu'on ne rencontre dans aucune autre ville, et qui se distingue autant par ses inclinations pour l'art et son penchant pour le plaisir que par ses lumières et par ses idées sur le progrès et la civilisation.

Paul fut admis au *Cercle des Nobles* et au *Casino del Giardino*.

Dans les loisirs italiens, le *Casino* tient une plus grande place que le *club* et le cercle dans la vie de Londres et de Paris.

Plusieurs de ces établissements sont de véritables palais et se font remarquer par le luxe de la décoration des vastes et nombreuses salles qu'ils occupent.

Les pièces destinées aux bals et aux concerts sont surtout parées et ornées avec un faste plein d'élégance.

Nos cercles et nos clubs ne comprennent pas encore le charme qu'il y a, pour les étrangers qui visitent une grande ville, à trouver des distractions commodes, faciles et qui semblent les attendre.

Ces séductions les retiennent et les ramènent, et sont entre les principaux centres de la civilisation un lien nouveau.

A la fin de la saison, il y eut plusieurs bals auxquels Paul fut invité : ce que les Milanaises aimaient le mieux en lui, c'était qu'en apprenant les danses italiennes, il leur enseignait les danses françaises.

La signora Masfi et sa fille recevaient partout des félicitations sur les mérites et les belles qualités du jeune Français.

Zanina était fière et heureuse du succès qu'il obtenait, et ce ne fut pas sans un vif chagrin que sa mère et elle apprirent le départ de Paul.

Il allait quitter Milan, après un séjour d'un mois, et pousser plus loin sa course d'exploration.

Il remercia la fille et la mère de ce qu'elles avaient fait pour lui.

Il promit à Zanina de ne point oublier tout ce qu'il devait à ses bontés et à ses lumières dans cette visite faite à une ville si remarquable, et qui était l'objet de ses études et de ses affections.

Zanina, avec une humilité pleine de malice, se montra sensible à ces expressions de gratitude, et pria Paul, au nom de sa mère et au sien, de leur accorder encore quelques jours pour accomplir un pèlerinage sans lequel il n'emporterait de la contrée milanaise que des impressions incomplètes.

Il s'agissait de visiter les deux merveilles que l'on appelle les îles Borromées, situées sur le lac Majeur.

Si Paul était un de ces touristes marchant dans l'ornière d'une admiration banale, nous n'aurions qu'à refaire les pompeuses descriptions des lieux qu'il parcourait.

Paul jugeait les choses d'après ses propres émotions.

Ainsi, en apercevant sur le roc la statue colossale élevée par la reconnaissance publique à saint Charles Borromée, archevêque de Milan, il ne pensa point à mesurer les proportions de l'œuvre gigantesque, et à aller s'asseoir dans le nez du colosse, comme font les badauds de Paris et les cokney de Londres.

Il admira l'harmonie de cette figure de géant, dont l'énormité disparaissait sous une habile ordonnance, de manière à plaire aux regards que sa masse aurait effrayés.

Les deux îles enchantées que l'on recommandait aux ravissements de Paul se nomment *Isola Madre* et *Isola Bella*.

Paul fut surpris par la beauté de leur aspect, mais cet étonnement n'égara point la sûreté de son jugement.

Les exagérations mythologiques de certaines louanges ne lui parurent qu'un hommage maladroit rendu à des choses qu'il suffit de voir pour les aimer.

L'art dans ces deux îles a tourmenté la nature, croyant ajouter à sa beauté; c'est l'œuvre d'un magicien gâtant l'ouvrage du créateur.

L'*Isola Bella* est un prodige qui surprend; mais la prodigalité des ornements a altéré la simplicité primitive, le plus précieux de ses attraits.

Sous la décoration théâtrale des portiques, des édifices, des jardins entassés et suspendus, on ne retrouverait plus la physionomie fraîche et naïve de la forme originelle.

Il comparait cette île, si magnifiquement appauvrie, à une fille des champs, sur les épaules de laquelle on jetterait un lourd manteau d'or et de velours qui ôterait sa grâce et sa légèreté.

Ces îles, telles qu'elles étaient nées sur le lac, étaient une réminiscence de l'Eden; on les a si bien façonnées et remaniées, que pour les louer aujourd'hui, on les compare aux jardins d'Armide, à la demeure enchantée de Circé et à l'île de Calypso, comme si toutes ces fictions pouvaient remplacer la beauté du jardin qui fut les délices de nos premiers pères et que Dieu avait créé pour eux.

Une seule chose restait encore incontestable, c'était la surprenante alliance de la nature et de l'art, de manière que l'on ne pouvait dire où commençait l'une et finissait l'autre.

On revint à Milan.

Paul en se séparant de Zanina lui exprima le vœu de la revoir à Paris.

A ces mots, le regard de la jeune fille brilla; elle prit la main de Paul, et dans cette pression, elle fit passer le secret de ses espérances et de son avenir.

Son cœur n'avait qu'une passion, mais ardente et jalouse, celle de l'art; elle ne formait qu'un vœu, celui du succès; elle n'avait qu'un désir, celui de la renommée, conquise à Paris.

Paul se dirigea vers le nord de l'Italie.

Il vit tout ce que l'enthousiasme prophétique de Zanina lui avait annoncé.

Les traditions glorieuses qui sortaient de ce sol, tant de fois foulé par l'histoire, firent battre son cœur.

Il s'avança jusqu'au golfe où Venise mêle les ruines de ses palais à la fange de ses lagunes solitaires et desséchées, comme les maremmes du poète florentin.

VIII

Raoul

Le comte Raoul d'Entreterre, auquel madame de Montauban avait présenté Paul, était le fils unique de M. et madame d'Entreterre, venus et morts à l'île Bourbon, dans des circonstances que nous avons rapportées.

Il portait en lui un germe d'énergie que les années développèrent.

Des impressions trop violentes pour son âge, ébranlèrent fortement son enfance; lorsqu'il perdit sa mère, qui avait formé son cœur et son esprit, il regardait la sœur qu'elle venait de mettre au monde, comme un être que Dieu confiait à sa tendresse et à son dévouement.

Dès cet instant, la petite créole fut l'objet de toutes ses affections, et sur elle reposaient déjà toutes les complaisances de ce jeune cœur si ardent.

Quand Anna grandit, elle conçut pour Raoul un vif attachement, parce qu'il faisait tout ce qu'elle voulait.

Dans les sentiments de Raoul, il y avait pour sa sœur quelque chose de plus animé que dans ceux d'Anna pour son frère.

Ses caresses étaient plus empressées et plus tendres, et toute préférence que la jeune fille paraissait accorder à un autre que lui, l'irritait et l'affligeait.

Il ne pouvait s'accoutumer à l'idée qu'Anna aimerait quelqu'un, plus qu'elle ne l'aimait.

Sans se rendre compte de ce qu'il éprouvait pour sa petite compagne, il s'était promis de ne jamais s'en séparer, même quand elle prendrait un époux.

Il voulait être toujours prêt à la protéger et à la défendre, contre ce qui pourrait offenser sa faiblesse.

L'arrivée du capitaine Rock à l'île Bourbon avait renversé ces douces espérances.

La rapidité avec laquelle cet homme s'empara du cœur d'Anna, l'empire qu'il prit sur elle, et l'audacieuse et criminelle entreprise qui la livra à ses désirs, furent pour Raoul des sujets d'affliction profonde, et désolèrent les premières effusions de son âme et de son cœur.

Ces ressentiments grandirent avec lui, ils se fortifièrent

à travers le temps de son adolescence et de sa jeunesse ; avec l'âge, ils pénétraient plus avant dans ses pensées et dans ses résolutions d'avenir.

Vivaces comme les plantes dont on ne peut plus extirper les racines, ces impressions faisaient partie de son être et ne s'éteignaient pas même dans son sommeil.

L'enfant, trop faible pour sauver Anna qu'il voyait enlever par une indigne violence au culte qu'il lui avait voué, jura alors qu'il châtierait le ravisseur, et que ce rapt infâme ne resterait pas sans vengeance.

Ce serment, l'enfant l'avait transmis à l'homme, et depuis le jour où il avait pris cet engagement sacré, chaque jour il renouvelait la promesse de l'accomplir.

Depuis qu'Anna avait disparu, Raoul, en proie à une tristesse sombre et continuelle, perdit son enjouement qu'il ne retrouva plus, et tomba dans un accablement qui sembla un instant compromettre sa raison.

Il avait perdu sa mère et sa sœur, ces deux anges que Dieu avait placés près de lui ; il voulut quitter la vie, mais dans son désespoir, il lui restait une espérance, celle de venger Anna.

La mélancolie sous laquelle il succombait faisait d'effrayants progrès ; on ne pouvait voir sans affliction cette nature noble, belle, jeune, forte et puissante ainsi vaincue par la douleur.

Une secousse favorable opéra une crise et rendit à cette âme languissante son ancienne énergie.

Raoul apprit la mort d'Anna et la naissance du fils qui lui avait coûté la vie.

Le premier choc de cette nouvelle fut violent et pouvait le tuer ; mais après avoir résisté à cette commotion, il se trouva ferme contre cette atteinte.

Il comprit qu'au lieu de consumer sa jeunesse dans une plainte et des gémissements inutiles, il fallait se préparer à accomplir le serment qu'il répétait chaque jour et chercher le coupable auquel il devait demander compte de la félicité, de la vie et de l'honneur d'Anna.

Raoul venait d'atteindre l'âge de majorité ; il se fit rendre compte de son bien et partit pour le continent.

M. de la Bienvenue, qui avait ses vues sur lui et sur sa fortune, essaya de le retenir.

Cette résistance fut vaine, et Raoul ne prit pas même la peine de s'en apercevoir.

Le comte d'Entreterre était de cette race noble dont les rejetons vigoureux ont échappé aux langueurs et à la décadence qui ont énervé tant de nobles cœurs.

Issu de deux tiges anciennes et robustes, Raoul était, par cette double descendance, parfait gentilhomme et noble de pied en cap.

Sa noblesse coulait dans ses veines avec le sang : son père qui était d'épée, portait fièrement son nom.

Il montrait avec orgueil la bannière que le baron d'Entreterre, son ancêtre, avait rapportée des Croisades, toute percée par les lances des Sarrasins ; on l'avait conservée dans le vieux château, berceau de la famille ; enfant, Raoul avait joué avec cette noble relique de Jérusalem.

Toutes les idées du jeune gentilhomme étaient chevaleresques et exaltées, et à voir sa rude loyauté et son austère prud'homie, on l'eût pris pour un homme d'un âge meilleur.

Malheureusement, sur ce naturel excellent, s'étendait une couche de tristesse qui ressemblait trop au découragement ; terne, froide et inerte, elle rongeait cette généreuse nature comme la rouille ronge le fer.

Etranger à ce qui l'entourait, Raoul vivait avec une pensée sinistre et fatale, qui le séparait de la communion des idées sociales et le plaçait dans des régions exceptionnelles, d'où il ne pouvait juger ni les hommes, ni les faits, ni les choses du moment.

Rien n'avait corrigé la rudesse et la hauteur de ses idées aristocratiques ; son arrogance était inflexible, et il avait, pour tout ce qui n'était pas de sa caste, un mépris aussi opiniâtre qu'il était absurde ; sur ce point, il se montrait inexorable, et ses meilleures qualités étaient étouffées sous cet orgueil excessif.

A cela, se joignait une malveillance universelle et pleine d'injustice et de prévention.

Sa magnanimité naturelle avait souffert de cette mauvaise influence.

Il arrivait même que cette disposition fâcheuse ressemblait à l'envie ou du moins à une jalousie indigne de lui.

Lorsque ses sentiments et ses pensées, son esprit et son cœur étaient tourmentés par ces émotions pénibles, il éprouvait un malaise moral qui se heurtait contre tout ce qu'il touchait.

Alors sa froideur habituelle disparaissait, et il se livrait à d'inconcevables emportements.

Son esprit éclairé redoutait l'éclat et affectait un ton grave et sentencieux.

Son cœur né droit et bon, avait vu ses dons les plus heureux affaiblis dans les convulsions qui l'avaient bouleversé ; l'exquise sensibilité dont il était doué s'était émoussée à force de souffrir.

Raoul était d'un maintien et d'un caractère dont la raideur se faisait trop sentir ; dans son attitude et dans son port on remarquait une élévation native.

Son visage, d'une régularité imposante, avait ce caractère de la tristesse du masque antique réservée à ces destinées fatales dont les peines semblaient dépasser les bornes des souffrances que l'homme peut supporter.

Son premier mouvement était brusque et hautain, souvent défiant, comme celui de quelqu'un qui craindrait d'être surpris.

Il obtenait aisément l'estime et le respect, mais il se faisait difficilement aimer, si ce n'est par ceux qui, ne s'arrêtant pas à la surface, pénétraient plus avant et savaient découvrir ce qu'il y avait de bon, de probe et d'élevé dans cette organisation si tourmentée.

Du capitaine Rock, Raoul ne savait que ce qu'il avait vu, sans connaître ce qui s'était passé depuis le départ du corsaire.

M. de la Bienvenue, qui n'ignorait rien de ce qui concernait le ravisseur d'Anna, craignait trop cet homme pour mettre Raoul, dont il connaissait les desseins, sur sa trace ; il y avait de quoi faire revenir à l'île Bourbon cet hôte redouté.

Seulement, afin de cacher cette peur, il indiqua vaguement les côtes de Bretagne comme étant celles que ce marin fréquentait le plus.

Raoul était fataliste, il attribuait à une inévitable destinée tous les maux qu'il avait soufferts.

Voyant qu'il ne pouvait se procurer aucun indice pour trouver l'homme qu'il cherchait, il s'en remit à la Providence du soin d'accomplir, de retarder ou de précipiter une vengeance qui ne pouvait faillir. Cette certitude soulageait son anxiété.

L'espèce de répulsion qu'il avait assez publiquement manifestée contre Paul, lors de leur présentation mutuelle, venait de plusieurs causes.

La beauté du jeune cavalier l'avait frappé, et pourtant elle lui causa une impression désagréable ; il y devinait vaguement le type de deux figures : l'une qu'il avait tendrement chérie, l'autre qu'il avait abhorrée, et qui souvent s'étaient rapprochées sous ses yeux.

Paul avait effectivement dans ses traits, ainsi que nous l'avons remarqué, cette heureuse union de la force jointe à la grâce.

Raoul, en le regardant, voyait tantôt le visage bien-aimé d'Anna, tantôt le visage détesté du capitaine Rock.

Ce mirage de la physionomie de Paul se rencontre assez souvent dans les enfants qui ressemblent à leur père et à leur mère et reproduisent à la fois ou séparément l'image de l'un et de l'autre.

Le comte, attiré vers Paul par l'air attrayant d'Anna, était éloigné par l'horreur que lui inspirait l'expression infernale de l'autre figure.

Dans cette alternative, Raoul inclinait vers le sentiment qui le séparait de Paul.

Il faut bien le dire, le fier Raoul était abaissé par des instincts étroits et jaloux et par le dépit secret que lui causaient les succès de Paul, de la condition duquel, comme tout le monde, il ne savait rien.

La double ressemblance elle-même pouvait être l'effet du hasard, ou bien d'une préoccupation.

La soirée de l'hôtel Montauban, dont, grâce à la belle Italienne, Paul avait été le *lion*, était bien aussi pour quelque chose dans cette mauvaise humeur.

Enfin une dernière cause concourait à ce résultat.

Raoul était entiché de noblesse : la roture était ce qu'il haïssait le plus au monde ; ce nom Paul... seul... sans précédent et sans suite l'offusquait ; cette petitesse aristocratique dominait et opprimait toutes ses impressions.

M. de la Bienvenue ne lui était devenu insupportable que par sa vilaine origine ; il ne lui pardonnait pas le *bon tour* que le planteur se vantait d'avoir fait à la comtesse sa mère.

Ce fut ce motif qui le porta à refuser d'associer sa fortune aux opérations de son beau-père, auquel il déclara qu'il entendait cesser tout rapport avec un parvenu de son espèce.

Proposer à Raoul de s'occuper d'affaires industrielles, de trafic, de travail et de commerce, c'était lui proposer de déroger et de forfaire à sa dignité et à son titre.

Il avait adopté une noble oisiveté à laquelle rien ne pouvait le faire renoncer.

Possesseur d'une fortune considérable, il savait s'en faire honneur.

Le comte d'Entreterre avait alors trente-trois ans, et parmi les alliances les plus recherchées, on le citait comme un des partis les plus considérables.

Fort fêté, malgré le peu de frais qu'il faisait pour plaire, il ne répondait qu'avec réserve aux avances dont il était l'objet, bien décidé à choisir lui-même la compagne de sa vie, si le souvenir d'Anna lui laissait jamais une liberté qu'il était si loin de désirer.

Du reste, obstiné dans ses résolutions, les obstacles l'indignaient, et, pour les détruire ou pour briser ce qui se posait devant lui comme un empêchement, il avait des accès de violence subite, pendant lesquels il paraissait être livré à la démence.

Ces convulsions morales étaient rapides, mais d'une véhémence impétueuse qui violait toutes les convenances.

Dans cet homme d'apparence si froide et si réservée brûlait un volcan qui faisait alors son éruption.

On ne lui connaissait aucune liaison, aucun attachement, aucune amitié.

Non-seulement il ne se fiait à personne, mais il se méfiait de tout le monde.

Sa vie était sédentaire ; il regardait les voyages comme un vain mouvement qui ne servait qu'à déplacer les idées, au lieu de les changer.

L'étude de soi-même était, selon lui, bien plus instructive qu'un voyage autour du monde.

On recherchait sa bienveillance, à cause de ses originalités ; par les difficultés dont il les entourait, ses relations devenaient plus précieuses ; comme Alceste, il n'aimait pas l'ami du genre humain, et cette retenue donnait un grand prix à ses bonnes grâces.

La familiarité le blessait, mais il n'aimait pas plus l'infliger que la subir ; l'intimité lui était tout à fait inconnue.

En le considérant attentivement, on le surprenait se débattant contre l'idée fixe autour de laquelle gravitaient toutes ses autres pensées.

Pendant qu'il semblait entièrement absorbé dans des méditations transcendantes, il ruminait le fiel de sa haine, cherchant à rompre les entraves qui le contenaient.

Les arts et les produits de l'imagination ne le touchaient que médiocrement ; il les regardait comme futiles et passagers, et il demandait comme certain philosophe :

— Qu'est-ce que cela prouve ?

Et il ajoutait :

— J'ai si longtemps attendu la réponse à cette question, que je désespère de l'obtenir.

Raoul était un de ces égoïstes profonds, dont l'espèce se propage si déplorablement dans la société actuelle.

Zanina, par ses dédains, lui avait prouvé qu'elle avait bien compris cette intelligence matérielle.

Paul et Raoul marchaient dans la vie sur deux lignes parallèles qui ne pouvaient se rencontrer sans un choc violent.

IX

Le pirate.

L'hiver des salons, qui précède toujours l'hiver de l'almanach, était commencé.

Pour cette année comme pour toutes les autres, il ramenait à l'orgueil et à l'opulence leurs joies fausses et fastueuses, et à l'indigence, des peines, hélas! trop réelles.

De l'Italie, par les Alpes helvétiques, Paul était descendu vers le Rhin et arrivé à Baden assez tôt pour se joindre à l'aristocratie germanique, convié aux grandes chasses de la fin de l'automne, dans les vastes forêts du Margraviat.

Dans ce voyage entrepris et achevé sous une inspiration subite et propice, qui l'avait si heureusement dirigé, le jeune touriste avait établi des relations considérables et dont l'influence paraissait devoir seconder les vœux de son avenir.

Paul ne revint à Paris que vers les derniers jours du mois de décembre.

Il s'occupa d'abord de mettre son train en harmonie avec la nouvelle position qu'il allait prendre.

Un appartement plus grand que celui qu'il occupait avant son départ, lui était devenu nécessaire.

Un domestique plus nombreux était indispensable, et quelques équipages devaient compléter cet accroissement de sa situation.

Sans avoir précisément ce que l'on appelle une maison; Paul devait se tenir plus près de l'opulence qu'il ne l'avait encore fait; il fallait qu'il pût recevoir convenablement, et sur le pied d'une honorable égalité, ceux dont il aurait accepté les invitations.

Il s'occupa de ces arrangements avec un soin ingénieux, et, en très-peu de temps, il eut une des plus agréables maisons de la jeune et riche société; d'une petite maison située aux Champs-Élysées, il fit une délicieuse *palazzina*.

Paul avait un orgueil modeste et digne : il ne cherchait pas les grands effets, mais il ne voulait pas être confondu dans la foule.

Il ne s'occupait de produire une impression favorable que par égard pour les personnes chez lesquelles il allait.

C'était chez lui une bonne grâce et une politesse.

Par une coquetterie délicate, il évitait les premières cohues des empressés, des impatients, des curieux et des fâcheux.

Il ne rentra donc dans le monde qu'un peu tard, sans trop de zèle et avec discernement, comme font, avec tant d'aisance, les naturels de ces belles contrées.

Pour sa *rentrée*, il choisit un bal d'ambassade, et commença cette saison d'hiver qui lui promettait d'être si brillante, par le salon le mieux composé de Paris.

Chez l'ambassadeur de....., les soirées ont un cachet de distinction pure et vraie, qui leur est propre; nulle part on n'est aussi simple, aussi noble, aussi poli et aussi intime que dans ces réunions.

Là il n'y a pas d'alliage.

C'est la porte par laquelle il convient le mieux d'entrer dans le monde, d'autant plus qu'il ne fallait point se baisser pour y passer.

Il rencontra dans ces salons les franchises aimables de la société italienne et l'urbanité de l'ancienne société française; l'esprit prompt, vif et délié de l'une, et l'esprit léger et fin de l'autre, une affable courtoisie, une galanterie gracieuse et attentive, tout ce que l'on aurait perdu dans le tumulte de notre époque, si quelques retraites privilégiées n'avaient offert sous leurs lambris un asile à ces exilés.

Au milieu de ce monde, l'homme de goût est comme au sein d'une famille.

Paul y reconnaissait une société qu'il avait vue dans ses plus beaux rêves; l'accueil qu'il reçut donnait à son maintien une aisance parfaite et une assurance si convenable qu'il se concilia tous les suffrages.

L'ambassadeur auquel il avait été présenté par le marquis delle Torre, le chef d'une des plus nobles maisons du Milanais, le reçut avec une distinction particulière.

L'éclat de ces fêtes ne détachait pas Paul de la pensée de Fleurette.

Pendant ce temps, sur les rochers de Penmarck, le maître de ce lieu éprouva quelque soulagement aux peines cuisantes qui le déchiraient, et souleva quelque peu le poids accablant de sa longue anxiété. Il voyait approcher le moment tant souhaité où il pourrait regarder, connaître et aimer enfin le fils dont il était séparé depuis tant d'années.

Cette pensée le consolait et récréait son âme abattue.

S'il en croyait ce qu'on lui rapportait de Paul, son vœu le plus cher, ce vœu à l'accomplissement duquel il avait consacré la meilleure partie de son existence, allait être exaucé.

Ce fils, objet de tant de soins et d'une si constante sollicitude, ce fils dont les mérites devaient racheter les fautes... les crimes de son père; ce présent qu'il avait préparé, comme une offrande digne de l'autel où il allait le déposer, de quels dons il l'avait embelli et enrichi! avec quelle magnificence il l'avait paré et orné!

La dette qu'il acquittait était grande; il avait à payer la rançon de sa vie.

Il achetait la paix, sa réconciliation avec Dieu, avec les hommes et avec lui-même.

Et cependant, ce fils, sur lequel reposait une si formidable garantie, était le fils du pirate!...

Du pirate maudit!...

Cette malédiction et cet anathème dont il demandait la révocation, seraient-ils retirés par la justice des hommes plus inflexible que Dieu qui a dit :

« — Que l'iniquité du père retomberait sur les enfants, jusqu'à la quatrième génération. »

Et sous cet arrêt suprême, sa tête se courbait inclinée et repentante.

Puis il se relevait par l'impression de ses souvenirs.

Il y trouvait tant de faits qui avaient honoré son courage et son nom, qu'il s'indignait contre un blâme que sa valeur et les services qu'il avait rendus à son pays auraient dû lui épargner.

Sa vie était remplie d'actions d'éclat.

A douze ans, il s'était enfui du château de Penmarck pour aller à Brest s'engager comme mousse sur le premier bâtiment prêt à partir et qui voudrait le recevoir.

Admis à bord d'une frégate dont le maître d'armes, qui l'avait reconnu, le prit sous sa protection et le présenta au capitaine, en lui désignant la famille à laquelle appartenait le novice, il fut traité avec des égards contre lesquels s'irritaient son amour-propre et sa vanité d'enfant.

Le capitaine, qui était ce qu'on appelle un *officier de fortune*, c'est-à-dire qu'il ne devait rien à sa naissance, mais tout à de bons et loyaux services, et qu'il était fils de ses œuvres, railla le petit gentilhomme, qui allait se donner tant de peine pour gagner ce qu'il pouvait demander à sa noblesse et obtenir d'elle sans fatigue.

— Mon commandant, répliqua l'enfant en saluant militairement, ne vous moquez pas ainsi de la noblesse bretonne; elle a donné à la France des marins illustres et dévoués. Mes grades, je veux les mériter tous, et ne demander au nom de mon père que les beaux exemples de ceux dont je descends.

Voyant cet enfant si ferme dans sa résolution, le capitaine se chargea de l'instruire lui-même, et ne tarda pas à reconnaître dans son élève le germe d'un grand homme de mer.

A seize ans, lorsqu'éclata la révolution, il était premier garde du pavillon sur un vaisseau-amiral.

Il revint à Penmarck pour sauver sa famille, menacée par les événements, et il conduisit en Angleterre ses parents, avec des valeurs considérables et qui formaient au moins les deux tiers d'une fortune immense.

La patrie, pour lui, ne pouvait être là : il désirait retourner en France, pour servir sous le pavillon de son pays que toute l'Europe maritime menaçait.

On lui fit un point d'honneur de ne pas se séparer de ceux qui étaient fidèles à une monarchie de quatorze siècles et à la bannière sous laquelle leurs pères avaient acquis tant de gloire.

A cette violence morale se joignaient les espérances et les erreurs d'une fidélité loyale, mais trop exaltée, pour regarder les faits contemporains à leur juste point de vue.

Il fit partie de l'expédition de Quiberon, avec le titre de lieutenant de frégate, qui lui fut conféré pour cette entreprise dont l'issue fut si funeste, non pas seulement à ceux qui succombèrent, mais pour la France qui vit périr, dans cette journée à jamais néfaste du 21 juillet 1795, un si grand nombre d'officiers les plus distingués de la marine française.

Il se sauva à la nage et fut recueilli au large par un navire sous pavillon anglais, qui croisait pour savoir le résultat du débarquement.

Rentré en France dès le Consulat, par la radiation de son nom inscrit sur la liste des émigrés, il sollicita du ministre de la marine une lettre de marque pour la course.

On lui offrit, dans la marine impériale, le grade immédiatement supérieur à celui qu'il avait occupé dans la marine royale.

Il refusa cet avancement par les sentiments de regrets dont avait rempli son cœur le massacre de tous ceux qui, à Quiberon, avaient touché le sol de la patrie.

Il fit construire une corvette fine et svelte dont il dirigea lui-même les travaux; quatorze caronades de 24 et quatre obus de 8 armaient la batterie.

Le modèle de ce bâtiment avait été pris du *Revenant*, navire que Robert Surcouf, corsaire célèbre de Saint-Malo, avait fait construire, et sur lequel, le 2 mars 1807, précédé par la haute renommée qu'il avait acquise dans les parages européens, il allait parcourir encore d'autres mers déjà visitées par ses anciennes et glorieuses excursions.

Cette nouvelle course inspira aux Anglais une telle terreur qu'ils ne pouvaient plus assurer leurs vaisseaux qu'à des prix énormes.

Ce temps était celui, comme nous l'avons dit, où les courses de nos corsaires devinrent à la fois plus nombreuses, plus actives et plus terribles.

Les ports de la Manche surtout s'enrichirent par des prises de la marine aventurière.

Un de ces plus intrépides coureurs, le *Spéculateur*, s'était même distingué par un fait d'armes que la marine impériale pouvait lui envier.

Le pirate, en revoyant dans sa mémoire ces temps de la course vaillante et illustre, se rappelait avec admiration les noms redoutés de Pradier, d'Antoine Balidar, de Pilvesse, de Niquet et de Delpierre. Aux corsaires de l'Océan s'unissaient ceux des côtes méridionales.

Gênes et Ancône fournirent aussi d'utiles et braves auxiliaires.

Le 16 mai de cette année, le corsaire l'*Amiral-Gantheaume* attaqua et prit deux bricks anglais, après un combat dont les fastes de notre marine ont gardé le souvenir.

Le pirate s'enivrait à ces évocations du passé.

Le nom du capitaine Rock n'avait point été mêlé sans honneur à ceux de ces héros des mers; on était d'accord sur son intrépidité, sur ses lumières, son expérience et son courage; on rendait justice aux belles qualités qui le distinguaient; mais on lui reprochait des actes d'une révoltante cruauté.

Le comte avait trente-trois ans. (Page 6.)

Il était sans pitié.

Dans les fureurs du combat, s'il avait le courage du lion, il avait aussi la férocité du tigre ; rien ne pouvait lui arracher la proie qu'il avait saisie.

Dans une de ces expéditions, sur un vaisseau qu'il venait de capturer, il y avait une jeune femme allaitant un enfant nouveau-né, un fils, le premier fruit d'une union récente.

Cette femme, quoique d'une condition au-dessus de la médiocrité, était seule ; elle allait rejoindre son mari en Angleterre, et parlait français, ce qui l'aurait fait prendre pour une compatriote, par ceux aux mains desquels elle était tombée, si son accent ne l'eût pas trahie.

Elle était couverte de riches bijoux et avait avec elle des objets très-précieux.

Dans l'ivresse de son triomphe, le capitaine Rock, afin de rendre son nom plus formidable et pour l'entourer d'une terreur qu'il regardait comme salutaire, ordonna, contre toutes les lois de la sagesse et de l'humanité, que les personnes présentes sur le bord capturé fussent, sans aucune exception, passées par les armes et jetées à la mer.

Lorsqu'il fallut exécuter cet ordre féroce sur la jeune femme et sur l'enfant qui pendait à son sein, les deux équipages se réunirent pour demander qu'on épargnât ces deux victimes innocentes des passions de ceux qui avaient combattu.

Ce fut une prière suppliante et unanime, qui invoquait pour ces infortunés une indulgence si juste et si facile.

Le capitaine Rock demeura impassible devant ces émotions d'hommes habitués comme lui à de rudes représailles contre l'ennemi ; il détourna la tête, et sans prononcer un mot, il fit le geste sinistre qui était le signal de l'exécution.

Personne n'eut le triste courage d'obéir à ce commandement ; le capitaine, au lieu d'être éclairé sur l'atrocité de sa conduite par cette résistance, sentit augmenter sa fureur.

Il alla lui-même appeler un nègre gigantesque et hideux qu'il avait surnommé Barbaro, comme pour indiquer la nature de ses fonctions.

Quand ce monstre à face humaine s'approcha de la mère pour lui arracher son enfant, celle-ci poussa un cri déchirant d'effroi et d'horreur, qui retentit comme le rugissement de la lionne à laquelle on veut enlever son lionceau.

Les deux équipages répondirent à ce cri par un lamentable gémissement.

Ici, se passa une scène d'épouvante devant laquelle toutes ces fières natures se prirent à trembler.

Cette mère, à laquelle Dieu, sans doute, prêta une force surnaturelle, déposa sa faiblesse aussi aisément que celui qui va combattre se débarrasse du vêtement qui le gêne ; elle se redressa de toute sa hauteur, et s'avançant vers le capitaine qui n'osa pas la retenir :

— Que voulez-vous de nous, lui dit-elle. Est-ce tout ce que nous possédons, mon fils et moi, notre or, mes bijoux et tous les objets précieux que j'ai rapportés de l'Inde Prenez ces trésors, mais laissez-nous la vie. Quel mal vous ont fait cette femme et cet enfant qu'elle nourrit ? Vous êtes glorieux d'avoir vaincu, pourquoi mêler à ce triomphe un sang qui le flétrira ?

Ces paroles produisirent sur le capitaine une vive impression ; mais il reprit bientôt sa froide et immobile férocité.

— L'action que vous allez commettre, puisque ces paroles ne vous touchent pas, brave capitaine Rock, est une insigne lâcheté. Elle sera pour votre admirable victoire une tache qui souillera votre nom, une tache de sang, de celles qui ne s'effacent point.

A ces mots, les deux équipages crièrent :

— Oui, c'est vrai. Faites grâce, capitaine !

Le capitaine fit un nouveau signe à Barbaro, qui hésita troublé et presque ému ; cela donna à la mère le temps de continuer ses imprécations avec un redoublement de saisissante énergie.

Elle se tourna vers le nègre :

— Monstre, lui dit-elle, tue la mère avant l'enfant, afin de m'épargner la torture de voir souffrir cet objet de ma tendresse, cet ange que Dieu m'a donné et que je ne peux sauver !

Et toi, assassin, dit-elle en se tournant vers le capitaine, en laissant s'échapper ces paroles avec des sanglots rauques et tout imprégnés d'une écume sanglante, pirate, ce sera ton nom, sois maudit ! Puisse Dieu, qui m'entend et te voit, te réserver un supplice plus cruel que celui que tu m'infliges aujourd'hui. Mon pauvre enfant qu'on va tuer n'a pas encore vécu ; puisse ton fils mourir dans toute la force de tes espérances et de tes vœux !

Son accent était prophétique.

Ces derniers mots provoquèrent un frémissement universel.

Le corps de la mère roula sur le pont, abattu sous un coup de hache asséné par Barbaro.

Le cadavre de l'enfant tomba ensuite sanglant à côté de celui de la mère ; et tous deux, soulevés par le bourreau qui les avait frappés, furent jetés dans les flots.

Un cri d'effroi et d'imprécations retentit sur les deux navires.

Seulement alors, le capitaine Rock parut ému, éperdu et accablé ; le désordre de ses idées se manifesta par des mouvements incertains et chancelants.

Tous les témoins de ces faits les gravèrent profondément dans leur mémoire.

Le récit de cette exécrable action parcourut les mers des deux hémisphères.

Au premier port, l'équipage tout entier quitta ce chef indigne, ce pirate tout souillé du sang d'une femme et d'un enfant.

Lorsque le capitaine Rock vint à l'île Bourbon, en 1808, deux années s'étaient passées depuis cette double exécution.

M. de la Bienvenue avait bien entendu parler de la férocité du capitaine, mais il ignorait cet acte de barbarie sauvage, et les détails de cet horrible meurtre, dont rien ne justifie l'atrocité, ne lui furent connus qu'après l'enlèvement d'Anna.

Anna, ce nom qui vibrait dans ses remords, était aussi un des plus effrayants épisodes de cette existence furieuse ; mais il avait reçu de la créole expirant sur son lit le pardon de tout le mal qu'il lui avait fait.

Mais cette absolution fut-elle ratifiée par celui qui seul a le droit de lier et de délier ?

Quand ces fantômes se présentaient aux pensées du pirate, il cherchait à échapper à ces menaces de sa conscience en se réfugiant dans ce que les souvenirs de sa vie avaient de tendre et de pieux.

Il se précipitait aux pieds du Christ, dont l'image sculptée pendait au-dessous du portrait d'Anna ; mais, malgré les efforts de sa prière, il revenait à ces traits si chers ; le rideau qui les voilait s'écartait, et dans cette contemplation, au lieu de terreurs, il trouvait des larmes.

Ces accès de sensibilité détendaient la fibre d'un cœur desséché, lui rendaient des vibrations plus douces et dont le mouvement faisait couler la vie qui, sous d'autres émotions, semblait s'arrêter.

Quelquefois le portrait d'Anna, sous la tension des regards qui en pressaient chaque trait, semblait s'animer, et il adressait à l'imagination de celui qui l'implorait, des reproches, auxquels cette fantaisie trouvait un charme inexprimable.

Le cœur a ses songes comme l'esprit a ses rêves.

Ce fut dans ces circonstances que le pirate implora l'intercession de l'Église, pria les recteurs de le recommander aux fidèles et fit d'abondantes aumônes pour obtenir l'efficacité de leurs oraisons.

Ces soulagements étaient incomplets et ne ramenaient qu'un calme agité et douteux.

Le baume qu'il versait sur ces plaies en apaisait les brûlantes ardeurs et les douloureux élancements, mais ne les guérissait pas.

Il partit et vint à Paris.

Les secrets.

L'hôtel de Montauban était depuis quelques jours dans une singulière agitation.

A la sérénité habituelle de cette demeure si paisible et à l'ordre qui réglait tout, avaient succédé le trouble, la confusion et le désordre.

Des bas offices jusqu'aux grands appartements, de l'écurie au salon, de la loge du suisse au boudoir de madame, ce n'était plus qu'une tour de Babel dans laquelle se rencontraient, se heurtaient des phrases et des personnages qui ne se comprenaient pas.

Du haut en bas, cette maison semblait être devenue folle, comme si une fée malfaisante d'un coup de baguette eût enlevé à tous ceux qui l'habitaient l'esprit et la raison.

C'était un complet désarroi et un dérangement général ; maîtres et valets avaient perdu la tête.

Madame la comtesse de Montauban, dont l'inaltérable sagesse avait traversé, sans faire un faux pas, une longue existence hérissée des vicissitudes les plus diverses, avait vu chanceler, dans cette circonstance, son expérience consommée, ses lumières et le calme qui ne l'abandonnait jamais.

Cette femme si habile, aussi bien préparée pour la prospérité que pour le malheur, prête à toutes les conditions, cette femme enfin dont on élevait si haut l'heureuse aptitude à toute chose, était, cette fois, prise au dépourvu.

Ce qui se passait près d'elle avait excité dans son esprit une surprise qui ressemblait à de l'égarement.

Sa distraction était extrême et continuelle.

À l'Opéra, aux Italiens, dont elle ne manquait pas une représentation ; dans les salons où elle allait, cette préoccupation, si contraire à ses aimables et tranquilles habitudes, n'échappa à personne, et on se demandait partout l'un à l'autre ce qui pouvait avoir mis madame de Montauban dans cet état.

Il se répandit alors de proche en proche, d'oreille en oreille, et dans les confidences des entretiens intimes, un mystérieux murmure qui parlait tout bas de deux grands secrets qui mettaient la comtesse dans la peine où on la voyait.

Le premier de ces deux secrets était, disait-on, l'arrivée à Paris d'un noble seigneur breton qui, depuis un peu plus de vingt ans, n'avait pas paru dans le monde, où il revenait tout à coup, ajoutait-on, afin d'accomplir ici un événement le mieux combiné pour inspirer la curiosité par les circonstances romanesques mêlées à ces faits.

Le second secret était celui d'un enfant miraculeusement retrouvé, et qui de la misère la plus profonde avait été élevé à la fortune par une réunion de moyens imprévus et surprenants.

Ces deux secrets étroitement unis se confondaient et avaient des intérêts communs ; les mêmes personnes étaient intéressées à l'issue de ces deux mystères.

Ces bruits, loin de calmer le trouble de madame de Montauban, ne la rendaient que plus éperdue.

Les symptômes de ces malheureuses dispositions se manifestaient par une négligence inconcevable ; son air, son langage, son maintien, sa toilette même souffraient d'une indolence qui en dédaignait le soin.

Chez elle, où la comtesse avait toujours eu à cœur de se montrer attentive et appliquée à remplir tous les devoirs d'une maîtresse de maison avec une exactitude bonne et prévenante, elle laissait entrer et sortir les gens sans même les apercevoir.

Aux questions qu'on lui adressait, elle répondait au hasard et sans savoir ce qu'on lui avait demandé.

Enfin, dans toute sa personne et dans toutes ses manières, c'étaient un inconcevable décousu, un désappointement perpétuel ; elle faisait à peu près tout ce qu'il ne fallait pas faire ; toujours l'inverse de l'exigence du moment.

Les familiers de ce salon abandonné, ceux qui apportaient le plus de zèle, de goût et d'intelligence à continuer cette société d'élus, dans les traditions dont elle se détachait, ne comprenaient rien à cette situation.

On ne pouvait penser qu'à l'âge de la comtesse, une passion soudaine eût troublé sa raison et son cœur, et l'on se perdait en conjectures.

Les femmes surtout se piquaient au jeu ; du reste elles excellent dans ces sortes de découvertes ; elles sont bien plus adroites que les hommes à deviner le mot de ces énigmes et à pénétrer le but et la cause des combinaisons et des intrigues les mieux ourdies.

Une d'entre les plus avisées, la vieille baronne de Norbin, connue par sa perfidie, sa méchanceté et sa noirceur, que depuis trente ans elle essayait de faire passer pour de l'esprit, de l'indulgence et de la bonté, décida que les *diables bleus* qui lutinaient la chère comtesse, lui parlaient de mariage, non pas pour elle, mais pour quelque jeune couple bien amoureux.

La malice de cette femme avait quelquefois la bonne fortune de frapper juste : elle connaissait le défaut de presque toutes les cuirasses de vertu.

Madame de Montauban, veuve fort jeune, était parvenue à un âge avancé sans avoir consenti à accepter un seul des nombreux partis qu'on lui avait proposés.

Elle avait un travers inexplicable que, du reste, on lui pardonnait aisément, parce que c'était le seul qu'on lui connût.

La comtesse ne pouvait se préserver de la manie de marier les gens.

Une mauvaise fée des salons avait dit d'elle :

— C'est vraiment dommage qu'elle n'ait pas vécu quelques siècles avant celui-ci ; elle eût marié la république de Venise avec le Grand-Turc.

Pour être tout à fait dans la confidence des deux secrets, il n'y avait plus qu'à connaître les noms des personnes qu'on voulait unir.

Ainsi, la vieille baronne, qu'une de ses meilleures amies avait surnommée *la Sibylle du canapé*, avait fait un trou au voile qui couvrait ces mystères.

Effectivement, il s'agissait d'un mariage.

Ce petit incident avait tenu une grande place dans les émotions de la société de l'hôtel de Montauban, lorsqu'on se rappela une historiette que la comtesse racontait fort bien et dont le récit avait fait honneur à sa sensibilité et à son esprit.

— C'était, disait-elle, un roman parlé, qui avait pour se faire écouter deux rares mérites : il était court et vrai !

Une jeune demoiselle de bonne maison, cédant à une séduction, dont son innocence même fut la complice et à laquelle sa pureté la livra sans défense, s'aperçut bientôt de l'impossibilité de cacher sa faute.

Elle l'avoua naïvement à son père qui, au lieu de la désoler ou de la tuer, comme c'est l'usage, la consola, la rassura, et l'envoya à la campagne, en lui recommandant bien de garder le secret qu'elle venait de lui confier, envers tout le monde, et surtout envers sa mère et ses sœurs.

C'était un homme bon et intelligent.

Le lendemain, pour ne point donner d'inquiétude sur l'absence de sa fille coupable, il se rendit auprès d'elle, il la trouva baignée de pleurs qu'il essuya bien vite en lui conseillant de ne plus verser des larmes qui pouvaient la trahir.

Les choses furent si adroitement arrangées par ce père sans égal, que tout se passa sans que rien n'eût transpiré sur la faute de la jeune demoiselle, qui mit au monde une petite fille, la plus charmante que l'on pût imaginer.

Le grand-père emporta sa petite-fille nouveau-née, malgré les cris de la mère ; il ne la mit point en nourrice comme il l'avait promis, mais la déposa dans le tour des filles de saint Vincent de Paul et de la Charité, après avoir pris toutes les précautions pour la reconnaître plus tard.

Ce qui permit à la jeune personne de faire, un an après cet événement, un mariage honorable.

La mort sembla s'abattre sur cette famille, la mère, la jeune fille à l'enfant, son mari et son séducteur, étaient dans la tombe, au moment où le père expirant fit venir la sœur aînée de celle qui avait failli et qui allait rester seule, entourée de tant de sépulcres ; il lui confia le triple secret de la faute de sa sœur, de la naissance et de la destinée de sa nièce.

Il la pria de rechercher cette jeune fille, au moyen des indices certains qu'il lui remit, et laissa à son cœur, dont il connaissait la générosité, le soin de pourvoir aux nécessités de sa position ; par son père et par sa mère, elle était de noble extraction.

Le père expira le lendemain, sans souffrance, content de ce qu'il avait fait, et heureux d'avoir remis l'avenir de sa fille à des mains pures et dévouées ; sa vie se termina comme un beau jour.

Afin de remplir la sainte mission qu'elle avait acceptée, la fille, après avoir rendu à son père les derniers devoirs, alla à l'hospice des *Enfants-Trouvés*.

Cet établissement recueille les enfants trouvés et les orphelins ; ils y sont allaités, et ceux qu'on ne peut garder à Paris, sont confiés à des nourrices de la campagne, et ensuite, placés par les soins de l'administration, chez des personnes sûres et chargées de les élever.

Le nombre des enfants ainsi adoptés et tirés de la détresse est, pour chaque année, de 5,500.

Admise auprès de la supérieure de cette pieuse communauté, la tante de la petite fille déposée dans le tour lui expliqua le but de sa démarche.

Les plus anciennes sœurs se rappelèrent parfaitement l'enfant dont on parlait ; les registres furent consultés, d'après des dates conservées et indiquées ; on y lut la mention des objets trouvés sur l'enfant et désignés comme devant servir à le faire reconnaître un jour.

Une note écrite à la colonne des observations était ainsi conçue :

— Cet enfant s'est enfui de la maison à l'âge de six ans ; on n'a point eu de ses nouvelles malgré toutes les recherches qui ont été faites ; on ne sait pas ce qu'il est devenu.

Le nom que portait la petite fille était celui de Clarisse

On jugera de l'embarras où se trouvait la tante, en apprenant que sa nièce était ainsi perdue depuis dix ans ; si elle vit, elle a maintenant seize ans.

Ici finissait l'historiette, et la curiosité n'y avait gagné qu'un troisième secret, celui qui laissait en suspens l'existence ou la mort de la jeune fille qui formait une nouvelle énigme.

C'était pour les auditeurs, dont l'impatience attendait un tout autre résultat, une véritable déception qui avait le caractère d'une perfide ironie.

Cette curiosité affamée se plaignait qu'on la laissât mâcher à vide ; ce fut une petite émeute au coin du feu.

Quelques jours s'étaient à peine passés, que la comtesse annonçait un soir une bonne nouvelle aux victimes de ce désappointement involontaire, et leur promit que bientôt ils auraient une pleine satisfaction.

Effectivement, elle ne tarda pas à leur annoncer que la tante avait retrouvé presque miraculeusement sa nièce, restée pure et devenue une personne jeune, jolie, dont le cœur était doué des meilleures qualités, l'intelligence et l'esprit formés et instruits par une éducation bien dirigée.

— Un événement important l'appellera bientôt au milieu de vous ; je me suis chargée de vous la présenter ; elle vous dira comment, dans l'abandon où elle était, la Providence lui a tendu deux mains : l'une qui a sauvé son enfance, l'autre qui a éclairé sa jeunesse.

Cette demi-ouverture ne faisait que redoubler la curiosité, et donna à ce drame un intérêt qui s'accrut de manière à devenir un des faits les plus considérables de la saison, et les conjectures et les suppositions recommencèrent à s'exercer de plus belle.

Il y eut même des investigations qui poussèrent leurs indiscrétions jusqu'à l'inconvenance, et tentèrent de faire violence au mystère qu'on leur cachait.

Mais le secret fut si bien gardé, que tous ces efforts échouèrent, vains et confondus.

Le premier des deux sujets qu'il fallait réunir pour le mariage que l'on préparait échappait ainsi à ceux qui le poursuivaient avec tant d'ardeur ; il fallut chercher le second.

La jeune fille restant inconnue, pourquoi ne chercherait-on pas à connaître le jeune homme, on arriverait peut-être par ce chemin à sortir de l'incertitude où l'on se trouvait ?

Tous les regards se tournaient vers Paul. Il ne comprit rien d'abord aux questions qu'on lui adressait : mais bientôt, s'apercevant qu'il s'agissait de celle que son cœur ne cessait d'appeler, il s'associa volontiers à la ligue formée contre les mystères de l'hôtel de Montauban.

XI

L'enfant.

Pendant que Paul courait après Fleurette, madame de Montauban, qui attendait au coin de sa cheminée que la Providence se chargeât de lui ramener sa nièce, retrouvait, sans avoir bougé de son fauteuil, l'enfant perdu. La fable *de l'homme qui court après la fortune et celui qui l'attend dans son lit* était mise en action par l'activité de l'un et par l'inaction de l'autre.

Voici comment se fit la découverte de l'enfant :

On avait mis à la mode des manches de façon de costume des femmes de la cour sous Louis XIII; très-peu de couturières savaient bien faire ces manches et leur donner la coupe et le caractère qu'elles devaient avoir; mademoiselle Adélaïde y excellait, et passa pour la bonne *faiseuse* de cet auxiliaire si important dans les riches toilettes.

Madame de Montauban ayant entendu parler de ce talent, alla en personne chez la couturière; elle fit sa commande, voulut visiter l'atelier, où elle entra. Dès qu'elle aperçut Fleurette, la comtesse dit à la couturière :

— Je vous prie, mademoiselle, de m'envoyer les manches que vous m'avez promises pour après-demain, par cette charmante enfant que voilà.

Et elle désignait Fleurette.

Au jour indiqué, l'ouvrière apportait les manches. La comtesse était seule dans son boudoir, et ordonna que l'on fît entrer celle qu'elle désirait revoir.

Fleurette arriva toute joyeuse et aussi toute rouge d'avoir couru; sous ce fard de la jeunesse, elle était charmante.

On eût dit que la jeune fille avait deviné le sentiment de bienveillance de la comtesse; enfin la grande dame et la petite ouvrière se sentirent attirées par une muette sympathie, et madame de Montauban se prit sans y songer à causer avec Fleurette comme avec une amie.

Elle fut surprise et charmée des ressources que trouvait si aisément l'esprit de la jeune fille sur des sujets qui semblaient être hors de sa portée, et surtout elle écoutait avec étonnement la correction de son langage et le ton agréable avec lequel elle parlait sans élever la voix, habitude que les gens bien élevés contractent de bonne heure et gardent toujours.

— Je ne comprends pas, chère petite, lui dit-elle, comment vos parents, avec l'éducation qu'ils vous ont donnée et dont vous avez si bien profité, vous laissent dans l'atelier de mademoiselle Adélaïde.

— Madame la comtesse, répondit Fleurette en souriant tristement, je n'ai jamais eu de parents, mais j'ai un bien bon ami, qui veut que je reste à l'atelier.

— C'est un rustre !

— Oh ! non, madame, c'est un noble cavalier.

— Ah ! je conçois, dit avec dédain la comtesse... un galant protecteur.

— Non, madame, dit Fleurette prête à pleurer; ce n'est pas ce que vous voulez dire... et je ne mérite pas ce reproche. Si je reste à l'atelier par les conseils de mon bon ami, c'est parce que j'ai connu l'indigence; que je veux, si elle me menaçait encore, la braver et l'éviter par mon travail.

— Il est vrai, Fleurette, que les manches que vous me rapportez sont d'un travail merveilleux. Est-ce vous, mon enfant, qui les avez faites ?

— C'est moi, reprit en rougissant l'ouvrière, qui les fais toutes; mais celles-là, je n'aurais voulu les céder à personne...

Elle s'arrêta émue et palpitante.

— Pourquoi ? dit la comtesse d'un ton caressant.

— C'est que j'ai senti, la première fois que je vous ai vue, que je vous aimais comme j'aurais aimé une mère !

L'accent pénétrant que Fleurette donna à ces mots fit tressaillir la comtesse, qui la regarda avec attendrissement et lui dit, pour continuer l'entretien :

— Je trouve que votre bon ami a raison.

— Vous voyez, madame, que s'il avait sur moi des vues qui ne fussent pas honnêtes, il ne me donnerait pas de semblables conseils.

Cette réflexion était vraie, mais dans une bouche si jeune et si fraîche, elle pouvait paraître un peu précoce, et puis, comme se le disait tout bas la comtesse :

— Le diable est bien malin !... Fleurette, à quelle heure faut-il que vous soyez rentrée à l'atelier ?

— A trois heures.

— Très-bien; il n'est pas encore deux heures, et j'ai quelque chose à vous demander.

Elle sonna.

Une femme de chambre parut.

— Mademoiselle Mion, lui dit la comtesse, apportez-nous des confitures, des biscuits, de l'eau et du sucre.

La femme de chambre reparut accompagnée d'un petit négrillon, portant cette collation servie dans des vases de vermeil sur un plateau.

Il posa le tout sur un guéridon.

— Maintenant, mademoiselle Mion, je n'y suis pour personne avant quatre heures.

Fleurette becqueta un biscuit sans être embarrassée le moins du monde du luxe de la vaisselle admirablement ciselée et d'un modèle dont elle était à même d'apprécier le mérite.

Puis elle raconta l'histoire de sa vie.

La jeune fille était si heureuse de parler, et la comtesse était d'autant plus attentive, qu'à mesure que le récit avançait, une lumière nouvelle brillait à ses yeux.

Madame de Montauban avait reconnu Paul au portrait qu'en avait fait Fleurette, qui avait eu la discrétion de ne point le nommer.

Quand ce récit fut achevé, la comtesse, ne pouvant plus

résister à son émotion, se leva et embrassa tendrement Fleurette, qui n'osait lui rendre ses caresses.

— Mon enfant, lui dit-elle, est-ce vous que l'on nommait Clarisse?

— Oui, c'était moi!... s'écria Fleurette. Je me rappelle.., Clarisse!... Clarisse!... oui, c'est bien ce nom-là qu'on me donnait.

— Et à quelle date vous êtes-vous sauvée de l'hospice?

— Il y a aujourd'hui dix ans de cela, et j'avais alors six ans, répliqua vivement Fleurette.

La comtesse fut ébranlée par ces témoignages d'une vérité frappante; mais, dans cette circonstance, ne voulant rien donner au hasard, elle congédia l'ouvrière en lui disant de retourner à l'atelier et d'y rester jusqu'à l'heure ordinaire, sans rien dire à personne de ce qui venait de se passer entre elles, à l'hôtel Montauban.

Le lendemain matin, la voiture irait la chercher chez elle pour la conduire ici, d'où elles iraient dans un endroit où elles apprendraient ce qui pouvait assurer le bonheur de Fleurette et celui de sa vieille amie, disait la comtesse à l'ouvrière en la serrant dans ses bras.

Si elle voyait Paul, il fallait ne point lui parler de tout cela; un mot imprudent pouvait tout détruire.

Fleurette fut introduite mystérieusement à l'hôtel de Montauban; la voiture s'arrêta devant une petite porte que le laquais fit ouvrir par un signal particulier et qui paraissait attendu; cette porte donnait sur les communs.

Après avoir traversé les cours des écuries, elle arriva à une porte semblable à la première. Devant elle se présenta un escalier dérobé qui conduisait aux appartements.

Là, Fleurette trouva la comtesse; elles échangèrent un sourire:

— J'ai bien réfléchi, lui dit la comtesse; vous voilà maintenant ma nièce; vous êtes la fille de ma sœur, c'est à n'en plus douter! Il faut d'abord quitter votre joli nom de Fleurette, qui vous allait si bien, pour reprendre celui de Clarisse que vous a donné votre mère, et sous lequel les bonnes sœurs vous ont fait baptiser. Quant à votre nom de famille, ce sera celui de votre père; j'ai trouvé dans son testament dans lequel il a déclaré, par devant notaire, que, n'étant pas marié, il vous reconnaissait comme son enfant naturel : vous vous appellerez donc mademoiselle de Ricqueville, en attendant que vous portiez le nom de votre mari.

— De mon mari! que voulez-vous dire, ma chère tante?

A ce titre que lui donnait sa nouvelle nièce, la comtesse poussa un éclat de rire et dit :

— Me voilà tante à présent, et bientôt sans doute, je serai grand'tante.

La jeune fille baissa les yeux, et d'une voix émue elle adressa à la comtesse cette question :

— Et qui donc vais-je épouser?

— Belle question, vraiment! Et qui donc pouvez-vous épouser, si ce n'est Paul?

Clarisse leva les yeux vers le ciel avec ferveur, et elle prit les mains de sa tante dans les siennes; mais elle ne put lui parler, tant son émotion était forte; de grosses larmes perlaient dans ses longs cils.

La comtesse n'était pas sans quelque inquiétude sur la nature de la liaison qui avait existé entre Fleurette et Paul; sur ce point elle voulut être édifiée.

Elle adressa à sa nièce des questions insidieuses; avec un respect des convenances qu'elle n'oubliait jamais, elle sonda et fouilla ce jeune cœur dans tous ses replis, et partout elle ne trouva qu'innocence et pureté dans ces relations chastes et tendres comme celles du frère et de la sœur.

Ce fut pour elle une crainte de moins et une conviction de plus; avec cette certitude, elle était forte contre l'opinion du monde, que la veille encore elle pouvait redouter.

Telle était la cause du trouble véritable qu'avait éprouvé la comtesse.

Il fut convenu que Clarisse, en attendant le moment du mariage, ne se montrerait à personne, afin d'éviter toute malveillance.

Cette retraite absolue que Paul lui-même respecterait, devait être de courte durée, le personnage qui ordonnerait tout et qui avait le plus d'intérêt à ces arrangements était attendu demain à Paris.

— Avant qu'il soit grand jour, dit la comtesse, il faut partir; la voiture est attelée et je vais vous conduire moi-même dans l'asile que je vous ai choisi; encore une fois, ce n'est pas pour longtemps.

Clarisse exprima à sa tante combien elle avait de confiance en sa tendresse et le ferme propos de lui obéir en toutes choses.

Elles restèrent silencieuses pendant quelque temps.

— Mon enfant, dit la comtesse en reprenant la conversation, je n'ai plus que vous au monde; vous n'êtes pas seulement ma nièce, vous êtes ma fille; la Providence, qui vous a menée à moi malgré tant d'obstacles, m'indique clairement ses desseins.

Vous me fermerez les yeux,... Ne pleurez pas, la force me manquerait pour achever ce que j'ai à vous dire. Je vous laisserai, en vous quittant, entre les mains de saintes et pieuses femmes. Nous allons au couvent; la supérieure était autrefois mademoiselle de Bretimpré, avec laquelle j'ai été élevée au couvent de Longchamps; elle a pris le voile et rien n'a pu la faire renoncer à ses vœux.

Vous la trouverez entourée de quelques-unes de ses sœurs en Dieu, qui ont vieilli avec elle.

Ces femmes connaissent le monde sans l'avoir vu : le séjour que vous allez faire dans cette retraite ne sera pas seulement destiné à vous tenir éloignée d'un monde dans lequel vous ne devez pas paraître encore; ce sera un temps d'entretiens et de méditations qui vous apprendront les devoirs nouveaux qui vous attendent; votre esprit et votre cœur se reposeront dans un calme plein d'une suave sérénité.

Cette communauté se livre à l'éducation de quelques élèves seulement : elle reçoit aussi les âmes effrayées, les cœurs brisés, toutes les souffrances et toutes les infirmités morales.

Elles ont contre ces douleurs le baume souverain des consolations ineffables : la résignation et l'espoir; elles apprennent à pardonner à ceux qui nous ont fait souffrir, en ramenant les pensées vers le ciel, elles nous isolent des misères de la terre et des sujets d'une affliction passagère qui doit disparaître devant l'attente d'un éternel bonheur.

Une fois par an, je viens passer quelques jours au milieu de cette atmosphère si propice aux maladies de l'âme; vous y viendrez avec moi, Clarisse, et vous verrez combien est douce et indulgente cette pitié que le monde juge avec une aussi imprudente sévérité.

La voiture s'arrêta, la comtesse et sa nièce furent conduites au parloir, où madame la supérieure les reçut.

Après quelques moments d'entretien, on se sépara. Madame de Montauban et Clarisse se firent de tendres adieux, et la voiture s'éloigna.

Clarisse, en rentrant au parloir, au lieu de la supérieure qui s'était retirée, après le départ de la comtesse, trouva une sœur servante qui lui proposa de lui montrer son appartement.

Clarisse la suivit et fut installée dans un logement composé de deux pièces hautes, claires et bien aérées, et dont les larges fenêtres donnaient sur un jardin spacieux, clos de murs ruinés, au milieu duquel se trouvait un moutier gothique, véritable joyau de granit.

La maison était vaste; le jardin fort négligé et en très-mauvais état.

Le bâtiment principal auquel il faisait suite, en s'étendant le long du boulevard des Invalides, formait le coin de la rue de Sèvres.

Les établissements fort nombreux dans ce quartier, n'ont d'autres caractères religieux que celui des habitudes d'intérieur.

Point de vœux perpétuels, point d'engagements que la simple volonté ne puisse rompre.

Nulle discipline ni aucune règle pour ces communautés volontaires, dont la paisible existence ne peut inspirer aucune alarme et mérite la tolérance qu'elle obtient.

Les pensionnaires y sont comme dans les autres institutions.

Les personnes du dehors qui s'y réfugient et celles qui viennent y passer quelque temps restent absolument libres.

Il est bien entendu que les femmes seules sont admises dans ces maisons.

Il y a des réunions, mais on n'est en commun qu'aux offices; les dames de la communauté prennent leurs repas ensemble; les pensionnaires ont leur réfectoire, et les personnes qui occupent des appartements particuliers mangent chacun chez soi.

Telle est du moins la coutume ordinaire et qui varie selon les circonstances.

L'appartement était meublé simplement; les meubles en étaient rares; mais tout y reluisait de propreté, et l'ensemble en était d'une fraîcheur ravissante.

Clarisse se plaisait dans cette solitude qui tint toutes les promesses de sa tante.

Elle se montrait fort assidue aux offices et entendit dans la petite chapelle du grand jardin des prédicateurs renommés, dont l'éloquence la toucha; elle aimait ces émotions religieuses auxquelles on ne l'avait pas initiée, et qui étaient un souvenir vague et confus des prières qu'à l'hospice on lui faisait réciter le soir et le matin.

La jeune fille plaisait aux sœurs, qui lui apprenaient les plus gracieux et les plus mignons ouvrages du monde et la bourraient de friandises.

Malgré ces séductions, Clarisse leur échappait souvent pour rejoindre celle qu'elle appelait plus particulièrement son amie.

C'était une Anglaise, jeune encore, mariée à un baron agréablement connu dans la jeune fashion parisienne, et qui est un de ses plus fougueux *sportmen*.

Elle l'avait épousé par inclination.

Et elle plaidait en séparation de corps, après quelques années de mariage, contre l'époux que son cœur avait choisi.

Deux enfants blonds et roses, un petit garçon et une petite fille, étaient nés de cette union; ils avaient de six à sept ans et venaient souvent voir leur mère; les caresses que leur prodiguaient Clarisse la leur faisaient chérir.

La jeune baronne s'était retirée dans cette maison pour se soustraire pendant la durée du procès à une curiosité importune.

A l'audience, son avocat lut des lettres écrites par la femme à son mari absent.

Ces lettres étaient datées du mois qui suit la lune de miel.

A la même époque retentissait à la cour d'assises une cause célèbre, celle d'un jeune officier accusé d'avoir pénétré la nuit dans la chambre à coucher de la fille de son général.

Les débats de ces deux affaires étaient présentés chaque matin ensemble à la malignité publique.

Les lettres de la femme eurent un succès énorme, par la tendresse et par la sensibilité délicate de la pensée et des grâces du style.

Elles étaient écrites en français, et l'on était surpris du bonheur avec lequel toutes les finesses du langage avaient été devinées et rendues par cette plume étrangère.

Le mari, que cet intérêt contrariait et qui, d'ailleurs, s'irritait contre le voisinage de célébrité qui unissait son nom à la cause criminelle, supplia sa femme de vouloir bien, en retirant sa demande en séparation, faire cesser ce scandale parisien.

Celle-ci persistait à refuser ce qu'invoquaient des prières répétées, le mari imagina un expédient.

Il écrivit à sa femme que Richard, leur fils, était indisposé depuis deux jours, et qu'il se promènerait du côté de la maison de la rue de Sèvres sur le boulevard, vers les deux heures de l'après-midi; il l'invitait à venir voir le pauvre petit qui serait dans la calèche.

La mère, alarmée par cette lettre, consentit à cette visite; elle sortit à l'heure indiquée, par la petite porte du jardin, et courut vers la calèche où était l'enfant, douillettement roulé dans une houppelande doublée de fourrure.

Elle monta sans défiance et tout entière à son inquiétude maternelle; pendant qu'elle questionnait le petit malade sur son état, la voiture partit au grand galop des vigoureux chevaux qui y étaient attelés.

Malgré les cris de la femme, le cocher exécuta l'ordre donné par le mari d'aller son train et sans s'arrêter jusqu'à la première poste.

Le mari fit si bien durant ce trajet, auprès de celle qui, tout en lui reprochant sa conduite et ses torts de mari infidèle, n'avait cependant pu lui retirer son affection, qu'on arriva au premier relais... raccommodés.

Le procès était terminé.

Là seulement, elle connut la ruse dont elle avait été la dupe. Ce mot fut son unique vengeance.

Le petit garçon qui n'était plus malade, fut d'abord grondé, mais on lui pardonna à cause de l'intelligence qu'il avait montrée, et surtout à cause de sa santé si promptement rétablie.

La victime de ce rapt conjugal écrivit de suite ces détails à sa jeune amie de la rue de Sèvres, en lui recommandant de se souvenir, en se mariant, de cette faiblesse comme d'un mauvais exemple.

Clarisse admira au contraire cette inépuisable indulgence d'un cœur épris.

Entrée dans la maison des saintes femmes dans la première quinzaine d'avril, Clarisse voyait arriver la fin de mai sans que rien se montrât pour terminer ce que, dans son dépit, elle nommait sa captivité.

La comtesse qui venait la voir souvent et lui donnait des nouvelles de Paul, lui cacha son voyage et l'encouragea à la patience.

Ce ne fut que vers la fin du mois de février qu'elle entrevit, après plus de neuf mois de cette retraite, qu'elle apprit son prochain retour à la liberté et que tout était préparé pour le mariage si désiré.

Sa joie fut si vive qu'elle lui fit oublier toutes les peines de sa longue réclusion.

Elle revint aussi mystérieusement qu'au départ, à l'hôtel Montauban, la veille du jour marqué pour les fiançailles; mais elle vécut encore retirée, et sous un séquestre presque aussi rigoureux que le secret des prisonniers; elle n'était soutenue dans cette autre prison que par le bruit des préparatifs qui remplissait l'hôtel et qu'elle écoutait avec plaisir.

La fenêtre de sa cellule s'ouvrait sur le jardin.

Un jour elle aperçut la comtesse causant avec un vieillard et parlant avec une activité qui lui donna beaucoup à penser.

Elle crut que tout était rompu et faillit s'évanouir.

XII

Le comte de Kéradec.

Madame la comtesse exerçait sur les sentiments de la société, qui se réunissait dans son salon, un empire absolu, une véritable tyrannie.

Elle en convenait elle-même sans toutefois renoncer à cette oppression; faire chez elle la pluie et le beau temps lui semblait un droit incontestable; elle était donc dans sa maison, comme un capitaine de vaisseau est à son bord, seul maître après Dieu.

Il faut bien avouer que, dans l'usage qu'elle faisait de ce pouvoir souverain, ses propres impressions remplaçaient souvent le droit, la vérité et la raison.

Elle se passionnait aisément pour ou contre les gens à première vue, et il était fort rare qu'elle consentît à revenir sur une opinion prise si rapidement, même quand elle en reconnaissait le tort et l'erreur.

Elle aurait craint, en agissant autrement, de compromettre la réputation de tact et d'infaillibilité qu'elle avait su conquérir.

Ce qu'elle approuvait était approuvé, ce qu'elle blâmait était blâmé; elle faisait et défaisait à son gré.

Les habiles savaient capter ses bonnes grâces et provoquer par leurs complaisances cet engouement auquel la comtesse se laissait aller volontiers, pourvu que l'on consentît à ne pas s'apercevoir de cette faiblesse.

Son hostilité était opiniâtre et ferme dans la défense et dans l'attaque.

Mais son amitié était sûre, solide et durable.

Elle savait aimer avec excès, mais elle n'eut jamais de haine.

Elle voyait les défauts et les fautes de ses amis, mais elle les aidait à cacher les uns et les autres.

Elle pardonnait quelquefois, mais sans oublier; elle ne cédait jamais.

Par ces moyens, son salon avait une autorité qu'on ne songeait pas à lui contester et dont elle savait mettre à profit l'influence, dans l'intérêt de ses créatures.

Elle désignait ainsi ses plus fidèles sujets.

Paul était un de ceux auxquels elle témoignait la plus vive sympathie; pour Raoul, elle professait un éloignement qu'elle ne sut pas assez dissimuler et qui augmenta la dose de fiel qui fermentait en lui contre l'homme qu'il regardait comme le rival attaché à contrarier tous ses vœux et dont chaque succès amenait pour lui un revers.

La comtesse avait un penchant qui la portait vers la jeunesse; mais elle pensait qu'il était imprudent de confier à son inexpérience un secret important.

Initiée à tous les mystères qui entouraient l'existence de Paul, elle n'avait révélé à ce jeune homme qu'elle chéris-

Elle reçut le comte avec le plus gracieux sourire. (Page 19.)

sait, rien de ce qui pouvait l'éclairer et hâter un dénoûment qui, dans l'impatience de ses vœux, ne se pressait pas assez.

De tous ceux auxquels elle s'était vouée avec le plus de dévouement et d'abandon, c'était le comte de Kéradec, vieux gentilhomme breton dont elle attendait l'arrivée à Paris avec une anxiété de tous les instants.

Entre la comtesse et le vieillard, il existait une alliance offensive et défensive de longue date.

Les deux familles, quoique appartenant à des provinces très-éloignées l'une de l'autre, puisque l'une touchait au midi de la France et l'autre au nord, s'étaient réunies à la cour, ce sol commun alors à toute la noblesse du pays.

Puis, elle attachait un intérêt mystérieux à sa présence.

Madame de Montauban, avec une finesse d'émotion qui lui était propre, avait pressenti la haine naissante de Raoul contre Paul.

Le comte d'Entreterre était un de ses proches; elle savait qu'il avait habité l'île Bourbon, où il avait passé son enfance et sa jeunesse; il lui rappelait souvent un serment qu'il avait fait, lui parlait d'Anna, sa sœur, et du capitaine Rock, le ravisseur d'Anna, ignorant qu'elle fût instruite de ces événements avant et mieux que lui.

Raoul avait exprimé avec amertume à sa cousine de Montauban, combien il avait été mécontent et surpris qu'elle eût présenté elle-même à un des siens un homme qui se nommait Paul, tout court.

Il ne concevait pas qu'un pareil individu fût reçu par des personnes les plus élevées comme il l'avait vu accueillir.

Une lueur soudaine pouvait révéler à Raoul ce qui lui était caché, et produire de vives explosions.

Ces éventualités sinistres effrayaient la comtesse.

L'arrivée du comte de Kéradec devait par une suite de faits convenus entre la comtesse et lui régulariser ce qu'il y avait d'irrégulier et de périlleux pour tant d'intérêts et d'affections dans cet état de choses.

Le comte arriva enfin.

En recevant la nouvelle de sa présence à Paris, elle se sentit délivrée du fardeau d'une responsabilité pesante; mais elle ne fut débarrassée de ce poids que pour retomber dans d'autres inquiétudes qu'une entrevue qu'elle demanda le soir même pour le lendemain pouvait seule dissiper.

Le comte répondit qu'il serait aux ordres de madame de Montauban depuis midi, heure à laquelle il aurait l'honneur de se présenter chez elle.

Il fut exact au rendez-vous.

La comtesse, après lui avoir témoigné sa joie de revoir un homme à qui elle devait le salut de sa famille et la conservation de sa fortune, lui déclara que sa reconnaissance lui faisait un devoir de parler avec franchise.

Elle le pria de ne point s'irriter contre les questions qu'elle allait lui adresser et à y répondre avec sincérité.

Il y allait de la sûreté de Paul, qu'elle croyait secrètement menacé.

Le comte frémit et la comtesse comprit qu'il serait vrai

dans ses réponses, afin de conjurer le péril qu'elle avait laissé entrevoir.

Et l'interrogatoire commença.

— Vous rappelez-vous avoir vu à l'île Bourbon, lors de vos deux voyages, un enfant de douze ans, qu'on appelait Raoul, et qui était le fils de feu M. le comte d'Entreterre?

— Oui.

— Et avez-vous remarqué dans cet enfant quelque animosité contre vous?

— Oui, je me souviens maintenant; il me voyait avec déplaisir; il était passionnément attaché à Anna, et il semblait avoir deviné mes intentions, il me surveillait.

— La nuit où vous avez enlevé Anna, l'avez-vous aperçu sur le rivage?

— J'ai vu un enfant faisant des gestes menaçants et poussant des cris, mais l'éloignement ne m'a pas permis de distinguer ses traits. J'ai cependant pensé alors que cet enfant furieux devait être lui.

— Avez-vous connaissance d'un serment qu'il aurait fait contre vous, en jurant de venger l'enlèvement d'Anna et de châtier le ravisseur?

— Non, je n'ai point connu ce fait. Mais je ne vois pas l'utilité de ces questions.

— Attendez. Raoul, comte d'Entreterre, est devenu homme, et il est ici.

— Je vous prie, madame la comtesse, de me faire l'honneur de me présenter à M. le comte d'Entreterre.

— Ne plaisantez-vous pas?

— Je parle très-sérieusement. Lorsque j'aurai montré à M. le comte d'Entreterre le contrat de mariage entre Anna et moi, il sera convaincu que je n'ai point cherché à le déshonorer.

— C'est vrai! Pourquoi donc ne pas lui faire tout de suite cette communication?

— Parce que je pense qu'il est au moins inutile de me faire reconnaître. Si nous parvenons à tout terminer avant qu'il y ait quelque éclat fâcheux, nous répondrons, mon fils et moi, victorieusement à M. d'Entreterre et à toutes ses imputations.

— Hâtons-nous donc!

— Je suis fort embarrassé; je ne puis faire publier les bans du mariage sans y faire mention de l'état civil de Paul et sans lui apprendre ce que je suis pour lui, et ma tâche n'est point encore achevée.

— Alors, mon ami, quel parti prendre? je vous assure que les choses pressent plus que vous ne le pensez. La position brillante de Paul fait éprouver à Raoul une jalousie qui peut le porter à toute extrémité, et d'autant plus exaltée qu'elle est dans ses instincts. Il m'a répété hier avec une colère nouvelle et haineuse, combien ce mariage d'une de nos proches parentes avec un homme sans nom, auquel cette alliance donnait toute ma fortune, le choquait. J'allais lui tout expliquer lorsque, comme vous, j'ai pensé qu'il y avait quelque inconvénient à divulguer trop tôt ce qui a été si soigneusement et si longtemps caché. Je ne puis m'empêcher de redouter, non pas tant les mauvais pen-

chants de Raoul que la bizarrerie de son caractère poussé quelquefois jusqu'à des actes insensés et de monstrueuses extravagances.

— Autant qu'il m'a été possible, j'ai tout disposé pour qu'il n'y ait pas de temps perdu, mais les délais prescrits par la loi ne peuvent être évités. Cependant, je crois que dès après-demain nous serons à même de signer le contrat qui est le préliminaire authentique du mariage que nous célébrerons plus tard, après l'accomplissement des formalités légales.

— Voilà une excellente idée.

— Ce sera la lecture de cet acte, faite par mon notaire, qui apprendra à Paul l'état et le nom qu'il a reçus en naissant, et dont en même temps je lui remettrai les titres.

— J'approuve votre arrangement. Dites-moi donc bien vite à quoi je puis vous être bonne dans tout cela.

— Faites avertir votre notaire de se tenir prêt pour après-demain, à dix heures du soir. C'est dans votre salon que le contrat doit être passé. Invitez ceux que vous jugerez convenable d'appeler à cet acte; mais n'oubliez pas le comte Raoul, et placez-le de manière à ce qu'il puisse tout entendre.

La comtesse sonna, et dit au domestique qui entra :

— Faites atteler, et envoyez mademoiselle Mion dans mon cabinet de toilette.

Puis se retournant vers le comte :

— Je vais, lui dit-elle, à l'instant même chez mon notaire.

— Dites-lui, s'il vous plaît, que je passerai chez lui demain matin, de très-bonne heure, pour lui expliquer les conditions du contrat du côté du mari, et chargez-vous, s'il vous plaît, madame la comtesse, de lui faire connaître vos intentions pour mademoiselle de Ricqueville.

— Adieu, mon ami.

— Adieu, madame la comtesse, reprit le comte, qui salua profondément madame de Montauban, lui baisa respectueusement la main et gagna la porte de révérence en révérence.

Le comte de Kéradec avait quitté son nom *de guerre* et repris son titre.

En Bretagne, sa famille était connue sous le double nom de Kéradec de Penmarck, et l'on s'était habitué à ne se servir que du dernier de ces deux noms.

Noble de vieille souche, il avait conservé les habitudes, les façons de l'ancien temps; mais il n'en avait pas gardé la vanité et les préjugés.

Il avait alors cinquante-neuf ans, qu'il portait fort bien, mais dans un corps brisé, avec un visage vieilli par une caducité précoce.

Ses forces et son énergie ne l'avaient point abandonné.

D'une santé parfaite, exempt de toute infirmité, soutenu par la vigueur de son organisation, il se sentit sur le seuil d'une verte vieillesse, malgré le délabrement extérieur.

Il ressemblait à ces grands arbres séculaires et toujours verdoyants, dans leur puissante structure, mais dont la foudre, l'ouragan, les intempéries et les années ont sillonné le tronc, mutilé et flétri les branches, sans énerver la sève qui circule sous une écorce de fer rouillé.

Sa réapparition dans le monde était une nouvelle preuve de sa tendresse pour son fils.

Son affection pour Paul tenait de la sollicitude d'une mère qui établit son premier né et dont la vigilance veut présider à toutes les dispositions et assurer le bien-être de son enfant.

La solitude de Penmarck était pour lui, comme nous l'avons vu, un lieu désolé; mais il s'était accoutumé à ces souffrances, et sans la pensée de ce fils dont il était séparé, il eût supporté avec moins de peine cet isolement.

La société qu'il allait revoir ne l'effrayait point, mais elle l'embarrassait.

Éloigné d'elle depuis vingt-quatre ans, il ne savait rien de ses mœurs, sinon qu'elles différaient de tous points avec celles d'autrefois.

Il craignait le ridicule, dont la puissance est restée debout sur les ruines de tant de dominations.

En contemplant les ravages que les soucis et aussi les remords avaient faits sur ses traits, il ne croyait pas que personne pût le connaître sous cette décrépitude hâtive, et il pensait que l'histoire du PIRATE, si connue dans la marine de son temps, n'avait point occupé le monde et ne vivait que dans quelques souvenirs d'outre-mer.

Enfin, en revoyant la capitale de la France, il allait se trouver en terre étrangère, au milieu d'une société d'hommes et de femmes dont pas un ne portait un visage à lui connu.

Il ignorait jusqu'au langage qu'on y parlait, et quels en étaient le culte, les croyances, les intérêts et les goûts.

Cependant, pour guider Paul qui n'avait point fait fausse route, il n'avait suivi que les inspirations de ses instincts.

Pour lui-même, il agirait ainsi, et dans cette voie qu'il allait parcourir, il s'avançait d'un pas ferme, conduit par la droiture de ses intentions.

Après tout, s'il n'avait pas vu Paris la grande ville, qui, pour lui, n'était qu'un petit coin du monde parcouru tout entier par ses voyages, il avait vu tant d'autres choses qu'il ne serait ni surpris ni déconcerté.

Et toutefois il n'était pas sans inquiétude en songeant qu'un hasard funeste pouvait renverser d'un seul coup l'édifice qu'il construisait depuis plus de vingt ans.

Dans cette foule où il allait se trouver, un seul homme qui le connaîtrait et qui prononcerait tout haut un nom qui ne devait plus être prononcé, ferait tout écrouler.

Cette alternative était un tourment peut-être plus cruel que tous les autres, parce que ce coup ne le frapperait point seul, mais atteindrait aussi la destinée de son fils.

Pour cette épreuve, il se trouvait fort contre les obstacles, et n'était point abattu comme dans le passé qu'il laissait à Penmarck.

Ici, c'était une lutte; là-bas, c'était un martyre!

La comtesse de Montauban avait sur tout ce qui préoccupait le comte de Kéradec les mêmes terreurs.

Elle redoutait les inconséquences de Raoul et la fougue de sa déraison; mais elle avait aussi d'autres frayeurs.

Le comte pouvait être reconnu, et c'en était fait de toute sécurité.

Comment le comte, se tiendrait-il dans le monde avec lequel il n'avait aucun point de contact et d'intelligence? La moindre imprudence pouvait l'engager et le compromettre dans de funestes incidents.

La route qu'il allait parcourir était si périlleuse!

Elle se rassurait un peu sur tous ces accidents possibles en se promettant, qu'autant qu'il serait en elle de le faire, elle tâcherait de tout prévenir et de tout réparer.

Dans l'entretien qu'ils venaient d'avoir ensemble, chacun avait fait ses réserves.

Le comte n'avait point parlé de sa crainte d'être reconnu, la comtesse n'avait rien dit de ce qu'elle redoutait, du hasard et de la fatalité qui se jouent de toutes les prévisions.

Quant à l'embarras probable du comte, madame de Montauban n'avait point touché cette corde à laquelle tient cet amour-propre qu'il ne faut jamais blesser.

Quel ne fut pas l'étonnement de la comtesse, dont le cœur battit si vite lorsqu'on annonça le comte, en voyant la manière aimable et facile dont il entra dans le salon.

La maîtresse de la maison s'attendait à des rires mal étouffés et à un accueil ironique.

Il y eut un cri d'admiration générale.

Dès ce moment, le succès du comte parut assuré.

Il y avait pour la comtesse quelque chose de si imprévu, de si heureux et de si inespéré que ce premier résultat lui sembla garantir tous les autres.

Elle reçut le comte qui marcha droit à elle, sans précipitation et avec une rare dignité, avec le plus gracieux sourire.

Elle se leva et lui présenta sa main à baiser.

Le comte se retira en faisant un geste de délicieuse modestie, et qui semblait vouloir réserver cette faveur pour les bonnes grâces de l'intimité.

De la part de ce vieillard, cette galanterie raffinée fut très-goûtée.

Il fit quelques pas en arrière, puis revint et fit quelques salutations qui furent trouvées de très-bon goût, tant elles avaient une noblesse simple et polie.

Le comte fut ensuite présenté aux femmes.

Pour chacune d'elles, il trouva un compliment sans fadeur, différent et appliqué à l'âge et à la condition, avec intelligence, et il saisit cette occasion de dire des choses agréables avec un esprit prompt et bienveillant.

Les femmes déclarèrent à l'unanimité que c'était un homme charmant.

On le présenta aux groupes d'hommes parsemés dans le salon, et auxquels il se mêla avec un ton de bonne compagnie, que tout le monde remarqua : il prit à la conversation une part fort élevée.

Il avait mis à la composition de sa personne cette propreté et ces recherches délicates, graves et presque austères, qui sont la coquetterie des vieillards.

Du linge d'une admirable beauté, et qui avait par sa finesse quelque chose de merveilleux, un gilet de piqué blanc, un jabot étroit de point d'Angleterre, qui bordait aussi les manchettes, légèrement apparentes sur la racine des mains.

A sa chemise, il portait pour tout joyau un camée de la plus belle antiquité ; au doigt annulaire de la main gauche brillait une bague d'argent, montée d'une grosse améthiste, sur laquelle on voyait une étoile gravée, avec cette devise italienne :

— *Una frà tante !* (une seule entre tant !)

Cet anneau avait un aspect talismanique ; il portait sa montre à la mode ancienne, avec une chaîne d'acier à franges de pendeloques.

Un habit noir dont la coupe se plaçait entre la mode de la veille et celle du jour, ample comme il convient aux vieillards.

Un pantalon demi-large laissait à découvert un pied à la forme effilée, gracieuse, chaussé de souliers de maroquin noir, à boucles d'or presque imperceptibles et ciselées avec goût.

Tout cela était si parfaitement distingué, que les jeunes gens se prirent à adopter ce costume sévère pour les soirées de la saison.

Les cheveux du comte avaient blanchi, et une frisure naturelle leur donnait l'air d'une toison dont le ton, qui rappelait celui de la poudre, tempérait les traits de son visage, devenus secs et osseux.

Il tenait à la main un chapeau de forme basse et à larges bords.

Sa main, non gantée, paraissait avoir voulu laisser voir sa forme parfaite.

Le comte, s'approchant de madame de Montauban, dont le visage était radieux, lui dit à voix basse :

— J'avais peur d'être une vieillerie, et il paraît que je suis une nouveauté.

— Cher comte, dit madame de Montauban, vous êtes charmant ; ce titre n'a pas d'âge.

— Je me produis sur moi-même, reprit le comte, l'effet d'un anachronisme vivant ; je suis un vieux millésime égaré dans ce salon, ou un calendrier perdu depuis le dernier siècle, et qu'on retrouve dans la poussière d'un déménagement.

Le comte disait cela en l'accompagnant de ses plus fins sourires, et le cercle se formait autour de lui pour l'écouter.

— J'éprouvais, poursuivit-il, la vive tentation de revoir le monde parisien, car à mon âge il faut se hâter ; il n'y a d'autre lendemain que la veille ; l'exemple d'Épiménide me retenait toujours. Il a été si ridicule de son temps, le pauvre Épiménide ! un vieillard qui fait un sommeil séculaire, se couche sur la terre, se réveille dans la lune, et ne retrouve plus que des gens qui ne le comprennent pas, et se moquent de lui.

— Monsieur le comte, dit madame de Montauban, votre Épiménide était un sot. Un homme d'esprit qui se réveillerait dans la lune écraserait, avec la seule épigramme de son sourire, les Sélénites railleurs.

— Oui, madame, reprit le comte en riant ; mais Paris est une planète plus dangereuse que la lune ; et c'est justement à Paris que j'ose me réveiller. Quelle imprudence ! Paris change de mode, de langue, d'usage, de physionomie deux fois par an ; un gentilhomme qui va passer la belle saison dans ses terres, se voit contraint à refaire son éducation, quand il rentre en décembre, par la barrière du Roule ou de Vaugirard, et moi qui ai laissé passer tant de saisons !... Oh ! vraiment, madame, je demande pardon de ma gaucherie à tous vos amis.

— Monsieur le comte, vous êtes tout pardonné.

Un sourire triste contracta le visage du comte, à ce mot *pardonné*.

Il réprima son émotion, et prenant le ton le plus léger, il poursuivit :

— Au reste, c'est la faute de Paris, qui n'est jamais content de ce qu'il porte, de ce qu'il aime, de ce qu'il parle... J'ai un peu voyagé chez les Orientaux, et je les tiens pour les gens les plus sages de l'univers. Si Abraham, Isaac et Jacob revenaient au monde, en Mésopotamie, ils retrouveraient leur langue, leurs costumes, leurs usages, dans les pâturages de Sichem et autour du puits des déserts. Leur journal des modes n'a eu qu'un numéro, le premier, et il a été publié, en Arabie, par Noé, dans le cabinet de lecture de l'arche, à la dernière étape diluvienne du mont Ararat. Si Paris vivait à l'état de civilisation, depuis quatre mille ans, la collection de son *Journal de Modes* encombrerait la bibliothèque de la rue Richelieu.

Et se rapprochant de madame de Montauban, il lui dit sur un autre ton :

— A propos, madame, avez-vous vu votre notaire ?

— Non, monsieur le comte ; il est au château de Maintenon, pour un inventaire qui durera quinze jours.

— Mais les notaires abondent à Paris, comme les héritages.

— Oui, mais M. Nitard est un vieil ami de ma famille, à laquelle il a rendu, dans des temps difficiles, de bons et nombreux services ; il serait blessé de la préférence que j'accorderais à un autre pour un acte de cette importance. Je ne veux pas lui causer ce chagrin. D'ailleurs, il a toute ma confiance ; il connaît l'état de mes affaires, et je peux lui dire ce que je ne dirais pas à un autre ; je me trouve fort bien d'en avoir fait en quelque sorte le directeur de ma fortune.

— Je vous comprends ; vos raisons me paraissent fort justes, mais ce contre-temps est un retard qui me paraît de mauvais présage.

Au moment où ces mots tombèrent de sa bouche, on annonça :

— M. le comte Raoul d'Entreterre.

Le vieillard éprouva un frémissement.

Raoul vint saluer la comtesse, qui profita de cette occasion pour présenter les deux personnes l'une à l'autre.

Le jeune comte, s'apercevant que madame de Montauban était en conversation avec M. de Kéradec, les laissa causer.

— J'avais une idée, dit négligemment le comte à madame de Montauban, celle d'apprendre indirectement à M. le comte d'Entreterre que Paul est le fils d'Anna qu'il a tant aimée; peut-être cela calmera-t-il sa bile.

— Gardez-vous-en bien, reprit la comtesse à voix basse, pour n'être entendue que de M. de Kéradec. Imaginez-vous qu'un jour il me parlait du fils d'Anna; il me disait que s'il le connaissait, il ne pourrait s'empêcher de le détester en songeant à la tendresse que sa mère aurait eue pour lui.

— Quel malheureux caractère !

— Quand je vous dis qu'il m'épouvante.

Le comte de Kéradec secoua la tête comme pour chasser une idée importune.

— Maintenant, ajouta-t-elle, je vais m'occuper de la publication des bans à l'église et à la municipalité; il en faut deux pour le mari et deux pour la femme. J'ai acheté un des bans de l'église, et le seul qui sera publié le sera à la messe basse qui se dit à six heures du matin. Quant aux bans de la mairie, je les ferai placer si haut dans le tableau grillé où l'on expose ces actes, que personne ne pourra les lire. Ces formalités qu'on ne peut éviter ont lieu de huit jours en huit jours et donneront à votre notaire le temps de revenir.

Je suis fort embarrassée de Clarisse qui se désole dans son ennui.

— Paul doit être dans une impatience dont je me fais bien une idée. Pensez-vous qu'il vienne ce soir ?

— Je n'en sais rien, il m'a boudé !

En ce moment, Paul entrait dans le salon de madame de Montauban.

Paul s'était conjuré avec ceux qui avaient formé le complot de découvrir le secret du mariage dont s'occupait la comtesse; il ne se doutait pas que ce fût le sien.

De l'incertitude, il était tombé dans l'impatience.

Il n'entendait plus parler de la pauvre Fleurette, et il la voyait oubliée par tous ceux qui la connaissaient.

Il fallait qu'elle fût dans une bien étroite captivité, se disait-il, pour ne pas pouvoir faire parvenir à son seul ami un mot sur sa position.

Hélas ! il n'était que trop vrai, la pauvre recluse languissait dans une attente dont elle voyait le terme reculer devant ses désirs.

De son côté, elle se disait avec douleur :

— Il faut que Paul ne pense plus à moi, puisqu'il me laisse ainsi sans me donner de ses nouvelles.

Il s'était ainsi établi entre ces deux cœurs une tendre et mystique communication de leurs sentiments mutuels.

Paul salua froidement la comtesse, mais celle-ci l'appela du bout de son éventail et avec un de ces demi-sourires qui promettent une confidence.

— Vous m'en voulez, lui dit-elle quand il se fut assis à son côté, sur le divan qui lui servait de trône, vous avez tort, vous me devriez de la reconnaissance; je ne suis occupée que de vous. Je veux vous présenter à M. le comte de Kéradec, le meilleur et le plus ancien de mes amis.

Elle fit signe au comte de venir; il accourut sans savoir ce que la comtesse attendait de lui, mais par un empressement de sa courtoisie habituelle.

La double présentation eut lieu.

Paul n'avait aucune raison d'être ému; seulement il se montra d'une respectueuse affabilité envers le vieillard, et s'approchant de lui, il lui dit :

— Monsieur le comte, madame de Montauban a daigné m'apprendre que vous êtes le meilleur et le plus ancien de ses amis; ce sera pour moi un motif de cultiver les relations qui commencent entre nous aujourd'hui, sous les auspices d'une amie commune.

Le comte de Kéradec ne put rien répondre, il balbutia quelques mots sans suite, et la comtesse le vit prêt à chanceler sous le poids de son émotion paternelle.

C'était la première fois qu'il voyait Paul, depuis le jour où l'enfant, arraché à sa nourrice, était parti de Penmarck pour se rendre à Nantes, il y avait vingt-deux ans.

La joie, une joie céleste, une allégresse semblable à celle des anges, éclataient dans son regard, où brillait un rayon d'extase.

Madame de Montauban le contemplait avec ravissement.

Il chercha Paul, mais le jeune cavalier s'était perdu dans les groupes.

Il s'éloigna pour savourer seul la félicité qu'il devait à cette première entrevue.

Tout le monde remarqua combien Paul, il y a peu de temps encore, si gai et si enjoué, était tout à coup devenu sombre et morose et ne cherchait plus que la solitude dans ce monde dont il avait tant aimé les distractions.

Cet état n'avait rien de l'insouciance joyeuse de son âge et il existait à cette mélancolie une cause cachée, comme tout ce qui touchait à sa mystérieuse existence.

Il s'était réfugié dans un boudoir écarté. En cet endroit, doucement éclairé par la lueur d'une lampe d'albâtre, le bruit du salon arrivait, tamisé, pour ainsi dire, à travers les différentes pièces qu'il traversait, et portait à la tête qu'il berçait une langueur somnolente.

Paul, fatigué par de longues insomnies, céda à ce sommeil paisible, qui est plutôt un repos qu'un besoin.

Dans le moment vague et indécis qui précède ordinairement celui où on s'endort, il lui semblait avoir vu le comte de Kéradec se promener à grands pas dans une galerie latérale; il avait même cru s'apercevoir que le comte le regardait avec attention, et luttait contre l'impérieux désir de se rapprocher de lui.

Tout cela ne s'était présenté que confusément à son dernier regard assoupi.

Ce n'était pas une illusion.

Le vieux père contemplait son fils Paul dans le délire de l'extase, et n'enviait rien aux chastes voluptés du ciel dans ce bienheureux moment.

Il l'aurait reconnu, ce jeune homme, entre mille et du

premier coup d'œil; si la voix du sang n'eût pas parlé en lui, il aurait trouvé sur cette douce et noble figure le reflet merveilleux de la beauté d'Anna, la mystérieuse transmission d'une âme envolée au ciel et redescendue dans le corps d'un être vivant.

Il lui semblait que la jeune fille de l'île indienne venait de ressusciter sous ses yeux, et qu'elle s'était endormie, sous un déguisement capricieux, dans un bal travesti du carnaval.

Heureux père ! il retenait son souffle, ses larmes, ses cris, pour s'enivrer de cette contemplation délicieuse; puis il s'approcha sur la pointe du pied et sans faire le moindre bruit, et sur ce jeune et noble visage, il déposa un baiser.

Jamais dans sa vie il n'en avait donné un plus doux.

Le dormeur fit un mouvement, le comte s'enfuit et Paul s'éveilla.

Il avait senti la pression du baiser.

Ce n'était pas une femme; la sécheresse des lèvres lui révélait le baiser d'un vieillard.

Serait-ce son père? Pourquoi, s'il est près de son fils, ne serait-il pas dans ses bras et ne le reconnaîtrait-il pas à la face de monde, qui, à force de douter, ne voudra plus croire?

Telles étaient les réflexions de Paul.

Puis, il s'écria avec un accent douloureux :

— Mon père, pourquoi me fuyez-vous ? Pourquoi tant de tendresse et tant d'abandon? Ne vous verrai-je donc jamais ? Je suis bien malheureux !

Il était prêt à verser des larmes.

Indigné contre cette faiblesse, il sut contenir son émotion et résolut d'avoir avec la comtesse, qui paraissait tenir les fils de l'intrigue dont il était le jouet, une explication décisive.

Il était minuit, on commençait à s'en aller, la comtesse adressait quelques mots d'adieu à ses amis.

Paul demeura seul avec elle.

— Et vous, monsieur, vous nous restez...

Elle remarqua alors l'air singulier de Paul et devina qu'il avait subi quelque violente émotion.

— Mais qu'avez-vous donc, lui dit-elle avec intérêt, comme vous êtes agité ?

Paul lui raconta la scène du boudoir; il était sûr que celui dont les lèvres s'étaient posées sur son front était un vieillard et ne pouvait être que son père.

Cette idée parut augmenter l'effroi de la comtesse.

Il s'écria :

— Que signifie ce nouveau mystère? si mon père est ici, qu'il se présente à moi, et qu'il fasse enfin cesser cette longue incertitude dont on lui inflige le tourment. Ces anxiétés brisent le cœur et la pensée, et quand viendra le bonheur tant promis, on l'aura payé trop cher par ces peines et ces déchirements de cœur !

— Paul, nous allons atteindre le but !... Quelques jours encore et nous y toucherons. Point de découragement et point d'impatience, je vous en conjure. Nous désirons tous, comme vous, une solution rapide; mais des empêchements ne nous permettent pas de nous hâter autant que nous voudrions.

— Que de fois on m'a tenu ce langage, et combien de fois me le répétera-t-on encore ?

— C'est qu'aux mêmes folies, il faut répéter les mêmes raisons... Je suis fatiguée, Paul; permettez-moi de me retirer dans mon appartement.

— Je souffre, madame, je souffre beaucoup, et je sens que je ne pourrais supporter longtemps un semblable état ; ma santé s'affaiblit et ma raison s'égare... Cette scène du boudoir n'est-elle pas une nouvelle et perfide manœuvre ?

— Mais qui vous dit que ce n'était pas une femme qui vous a visité dans votre sommeil. N'existe-t-il que de jeunes femmes ?... les vieilles peuvent avoir aussi des affections, mais elles doivent les cacher avec soin.

Madame de Montauban serra la main de Paul en lui adressant ces paroles avec un sourire et un regard dont il est impossible de rendre l'artifice ingénieux.

Paul, ébahi, regarda madame de Montauban et n'osa plus rien ajouter : il sortit, bien décidé cette fois à ne plus adresser aucune question et à se laisser aller au cours des événements.

De l'exaltation qu'il venait d'éprouver, il tombait dans l'indifférence; c'est que, dans le monde moral comme dans le monde physique, la réaction est toujours égale à l'action.

Le résultat de la soirée donnée par madame de Montauban, était donc assez heureux et répondait au but proposé.

Le comte Kéradec avait enfin vu son fils Paul, et sa rentrée dans le monde ressemblait presque à une réhabilitation.

Dès ce jour, le pirate reprenait son rang parmi les hommes; le passé n'existait plus.

Le vieillard entrait dans l'avenir avec les pures illusions de la jeunesse.

Le capitaine Rock appartenait aux légendes indiennes, et l'enlèvement criminel d'Anna pouvait être confondu avec l'enlèvement de la belle Sita, dans l'île de Ceylan.

De tant de mauvais jours éteints et de mauvaises actions oubliées, il ne restait que Paul, un être charmant, descendu du ciel pour donner le pardon au crime, après le remords et le repentir.

XIII

Le vieillard et le jeune homme.

Au milieu des passions, des plaisirs, des douleurs, des joies, des impatiences, des folies, des mystères qui s'agitaient autour d'elle il fallait à la comtesse une continuelle présence d'esprit et une raison toujours prête à coudoyer la démence.

Paul, un peu calmé depuis l'explication artificieuse qu'elle lui avait donnée de la scène du boudoir, faisait moins de bruit et avait au moins interrompu ses doléances.

M. le comte de Kéradec, qui s'était montré si sage et si parfait, semblait avoir maintenant perdu la tête.

En voyant son fils, il était positivement devenu fou de tendresse paternelle.

Il n'avait éprouvé dans toute son existence une passion plus vive et plus profonde que celle qu'il ressentait pour Paul.

Il s'apercevait que, loin de cet enfant, il n'avait pas su le chérir d'une manière digne de ses qualités, et il se reprochait amèrement cette injustice qu'il résolut de réparer.

Le mariage de Paul et de mademoiselle de Ricqueville ne pouvant guère avoir lieu avant douze ou quinze jours, il résolut d'employer ce temps à pénétrer si avant dans l'affection de Paul, que lorsque viendrait le moment solennel, le père et le fils se seraient unis autant par les sentiments que par les faits.

Cette idée lui souriait, il en fit la récréation de sa veille, et dès le lendemain du jour de la scène du boudoir, il commença l'exécution de ce dessein.

Lorsqu'il confia ce beau projet à la comtesse, pour qui il n'avait rien de caché, elle lui dit, avec la liberté familière de leur intimité :

— Vous êtes un vieux fou.

Et cependant elle souriait aussi à l'idée du comte de Kéradec.

— Je ne suis ni l'un ni l'autre, dit le vieillard; écoutez : mon fils a vingt-trois ans, et, dans quinze jours, je serai son ami intime; il me croira de son âge, il m'aimera de bonne affection, et quand je me ferai reconnaître, il sera déjà habitué à m'aimer.

— Avant de commencer, voulez-vous recevoir un bon conseil, cher comte?

— Je reçois toujours un bon conseil; cela me rajeunit.

— Cher comte, vous parlerez probablement beaucoup à votre fils pendant ces quinze jours?

— Oh! sans doute; je regretterai seulement le silence des quinze nuits.

— Eh bien! gardez-vous de lui dire que vous avez été marin.

Le comte ne put réprimer un mouvement; mais il mit tout de suite un sourire sur les lignes sérieuses de son visage, et dit :

— Ah! vous avez découvert que mon fils n'aime pas les marins?

— Il les déteste... Que voulez-vous! nous avons des antipathies dont nous ne nous rendons pas compte. Moi, je déteste les huissiers...

— Je comprends cela, madame; mais les marins ne remettent pas du papier timbré aux jeunes gens de famille.

— Non, mais c'est avec les marins qu'on fait des corsaires, et les corsaires n'ont pas le bonheur de plaire à votre bien-aimé Paul. Il regarde les corsaires patentés comme des huissiers de mer.

Le comte se composa, pour la circonstance, un de ces rires artificiels dont les vieux comédiens se servent, quand ce qu'ils disent n'est pas plaisant.

— Ah! mon cher Paul n'aime pas les corsaires, dit-il, c'est que, voyez-vous, madame, cela tient à une erreur du monde... à Paris surtout, on confond les corsaires avec les pirates et les forbans...

— Oui, nous ne faisons pas ces distinctions subtiles, interrompit madame de Montauban; il faudrait à chaque instant ouvrir le Dictionnaire de l'Académie; la vie est trop courte, à peine avons-nous le temps d'apprendre à parler français pour nos causeries de salon. Tant pis pour les synonymes !

— Charmante! — dit Kéradec, toujours riant faux. Charmante! me voilà donc averti! je me garderai bien de parler corsaires... C'est dommage! car j'avais préparé pour Paul une belle description de combat naval...

— Oh! gardez votre description pour le journal des *Annales maritimes*.

— Je sais d'où lui vient cette aversion, reprit le comte mon fils Paul a été élevé par un loup de mer qui lui a fait des contes maritimes de *Barbe-Bleue*... Bref, je me tairai... mais cela me gênera fort, madame, car dans tous mes entretiens, à chaque instant l'eau de mer me vient à la bouche.

— Faites comme nos orateurs de tribune, dit la comtesse en riant; avant de parler prenez un verre d'eau sucrée, et vous n'irriterez pas votre fils.

— Au reste, reprit le comte, j'ai tant de choses de ma vie à lui raconter, que je puis supprimer quelques légers incidents de mes expéditions de mer. Je lui parlerai de l'Italie, de l'Espagne, de la Suisse, et d'une foule de joyeuses aventures et de jeunes équipées dont le souvenir m'est toujours agréable et noircit mes cheveux.

— Et j'espère être une de vos auditeurs, dit la comtesse.

— Oui, nous serons trois; c'est le nombre heureux, dit le comte en prenant congé pour se rendre chez son fils.

Paul allait sortir.

— Je venais, lui dit M. de Kéradec, vous prier de me rendre un service. Je parlais hier de chevaux que je voulais acheter et j'avouais que je ne connaissais rien à ces sortes d'affaires; un de nos éleveurs les plus renommés, M. de Champier, me dit que vous étiez un des plus habiles maquignons, passez-moi ce mot, c'est celui dont il s'est servi, et que vous aviez la complaisance de donner à vos amis, quand ils achetaient des chevaux, des conseils dont ils se trouvaient fort bien. Je voulais vous prier de m'accompagner chez Ancell... mais sans vous déranger aucunement... Vous avez à faire... ce sera pour un autre jour.

— Je suis à vos ordres, monsieur le comte, et je puis remettre aisément moi-même mes affaires à un autre jour. Je vous suis.

— Il est impossible d'avoir plus de bonté.

— Je vais faire atteler.

Ah! mon cher Paul n'aime pas les corsaires! (Page 23.)

— Oh! pas du tout, si vous le voulez, nous irons à pied.

M. de Kéradec n'avait refusé de monter en voiture qu'afin de donner le bras à Paul.

Le jeune homme se prêta de bonne grâce à cette fantaisie, qui, selon le comte, était à la manière de la haute société anglaise.

Ces idées parurent un peu juvéniles pour une tête blanche, mais il ne tarda pas à s'amuser de cet enjouement du vieillard, plus gai que les jeunes gens, qui n'ont que des jeux bruyantes et souvent fort tristes.

Sur tous les objets dignes de quelque attention, le comte faisait des observations originales et piquantes.

Les faits qu'il citait, les rapprochements et les comparaisons qu'il faisait entre ces objets et d'autres prouvaient que M. de Kéradec avait vu bien des hommes, bien des choses et bien des pays différents.

Ce savoir était, dans sa bouche, sans morgue, sans affectation et sans excès, toujours agréable ou intéressant, jamais vain et fâcheux.

Le premier abord de M. le comte n'avait pas précisément déplu à Paul, qui avait remarqué dans les traits du vieillard une rudesse qui le repoussait.

En vieillissant, M. de Kéradec avait conservé cette clarté de l'intelligence qui donnait à son visage une animation expressive et séduisante.

Sous ce charme, Paul se trouva attiré vers M. de Kéradec et il lui témoigna combien sa société lui plaisait.

La figure du vieillard s'illumina de bonheur.

Les deux promeneurs arrivèrent ainsi chez le marhand de chevaux, qui demeurait alors près du Jardin des Plantes, sur le boulevard de l'Hôpital, sans s'être aperçus du chemin qu'ils avaient fait.

Le comte qui connaissait le terrain, précéda Paul d'un pas leste, sautillant et empressé comme celui d'un jeune homme.

S'adressant au marchand, il lui demanda de lui faire voir les chevaux qu'il lui avait montrés la veille.

Le marchand fit signe de les amener.

Ces deux chevaux étaient de la plus grande beauté, anglais pur sang, jeunes et ardents, du plus beau brun alezan brûlé qu'on pût imaginer; tous les détails de leur conformation, que Paul examina scrupuleusement, étaient irréprochables.

Le marchand en demanda un prix qui parut à Paul trop élevé, malgré l'excellence de toutes leurs qualités.

Il proposa un rabais qu'il obtint après un long débat, dans lequel le marchand put se convaincre qu'il avait affaire à un acheteur consommé dans les ruses du trafic équestre parisien.

Le comte pria Paul de vouloir bien avoir la complaisance de monter, pendant quelques jours, le plus vif de ces chevaux qui serait plus docile après avoir été manégé par un écuyer aussi habile que lui.

Le comte laissa faire à Paul trois pas en avant et dit quelques mots à l'oreille du marchand.

Si M. de Kéradec était mon père ! (Page 30.)

— C'est entendu, répondit celui-ci, monsieur le comte sera satisfait.

On alla déjeuner chez Tortoni; le comte, pendant que Paul parlait à un jeune homme assis à une autre table, commanda des côtelettes à *la Soubise*, un vol-au-vent à *la financière*, un poulet à la reine et des crépinettes aux truffes, le plat favori du déjeuner royal, sous le feu roi, comme disait le comte, pour désigner Louis XVIII.

Le comte mangea copieusement; il avait un appétit de naufragé.

On était revenu à pied, bras dessus, bras dessous, ce qui charmait M. de Kéradec jusqu'au ravissement.

Il but du vieux bordeaux qui était inscrit sur la carte, sans nom, et par cette indication :

Retour de l'Inde.

Il termina ce repas par un verre d'alicante qui fut l'honneur des tables de l'Empire, et qui est à peine connu aujourd'hui.

Paul ne pouvait s'empêcher d'admirer cette verte vieillesse; les mets qu'avait choisis le comte, les vins qu'il avait bus, il les trouva fort bons.

Il était à se demander comment les goûts de cet homme d'autrefois se conciliaient avec ceux d'aujourd'hui.

Le jeune convive demanda à M. de Kéradec si la fumée du tabac l'incommodait.

Le vieux pirate ne put réprimer un sourire, et, excité par les vapeurs du festin, il se lança ainsi dans une joyeuse conversation.

— Elle devrait m'incommoder; mais, hélas ! j'ai en moi un vice qui devient de jour en jour plus incurable; plus j'avance en âge par les années, plus je veux me rajeunir par mes goûts, et me faire illusion à moi-même sur mon acte de naissance. Vous excuserez ce ridicule, en faveur de l'aveu.

Et tirant de sa poche un étui de panama, dont la paille était souple comme un tissu de cachemire, il mit à découvert un faisceau de cigares d'une Havane authentique, et poursuivit ainsi :

— J'ai donc embrassé aussi la mode du jour, quoique un peu tard; je me suis mis à fumer, en bravant la colère et l'excommunication de quelques hobereaux de province, mes amis, qui porteraient encore la poudre, la queue et le tricorne, s'ils ne redoutaient pas les huées des petits enfants. Eh ! mon Dieu ! soyons toujours de notre époque.

Allons fumer sur le boulevard.

Ils descendirent l'escalier étroit de Tortoni, et se tenant par le bras, ils se mêlèrent à ces heureux oisifs qui s'épanouissent à l'ombre ou au soleil, sur la belle zone des boulevards.

— Vous me permettez de vous offrir cet étui américain ? dit le comte à Paul; c'est un cadeau d'un armateur de Nantes.

— Le travail est exquis, dit Paul en remerciant par un sourire.

— Un travail de sauvages, adroits comme des singes, reprit le comte. L'armateur m'en a donné cinq de ces petits chefs-d'œuvre, pour un service que je lui rendis dans une affaire de douanes... J'usai de mon petit crédit chez le ministre... Comment trouvez-vous mes havanes ?

— Parfaits ! dit Paul en lançant au soleil un tourbillon de fumée d'azur.

— Voilà pourtant, dit le comte, une fumée qui est destinée à combler un jour le déficit de nos finances sans faire crier l'imposé libre... C'est la première fois que la fumée aura un emploi national. On doit être fumeur par patriotisme. En 1860, la mode et le goût faisant toujours de nouveaux progrès, le tabac donnera trois cents millions au Trésor.

— C'est évident, dit Paul.

— Voilà, reprit le comte, un bénéfice social que les économistes n'ont pas prévu. Aussi les économistes ne fument pas. Malthus et Say ont même affirmé que le tabac est un poison.

— Ils ne sont pas les seuls à dire cela, remarqua Paul.

— Le café a aussi subi cette injure, reprit le comte en riant, et toutes les découvertes de ce genre ont été traitées de poison, excepté la poudre à canon du moine allemand. Celle-là a été adoptée avec enthousiasme par l'univers ; elle a eu un succès de vogue, et à peine née dans la salpêtrière, elle ravageait ses consommateurs à la bataille de Crécy et à la bataille de Tchaldiram, au fond de la Perse. L'artilleur Obin, à Andrinople, et Mahomet II sur le Bosphore, prisaient fort cette poudre naissante, et chassaient avec elle de Constantinople les chrétiens et l'empereur Constantin Dragosés ; mais personne ne traitait cette poudre de poison.

Les économistes réservaient l'anathème au quinquina, au cacao, à la manne, au tabac et au café. La poudre à canon est un bienfait du ciel.

Paul écoutait avec plaisir les paradoxes du joyeux et jeune vieillard, et prenant un second cigare, il dit :

— Faisons-nous donc tous des Mithridates avec le tabac.

— Oui, c'est cela même, reprit le comte, le roi du Pont est le premier hygiéniste du monde. Mithridate a failli être Hypocrate. L'habitude graduée peut changer tout poison en remède. *La mort c'est la vie*, a dit saint Augustin : *mors vita*.

— Saint Augustin, dit Paul en éclatant de rire, ne s'attendait point à être cité à propos de tabac.

— Mais, — reprit le comte en riant à l'unisson, — je citerai aussi Cicéron, à propos de tabac à fumer. N'a-t-on pas cité Aristote à propos du tabac à priser ?

Quoi qu'en dise Aristote et sa docte cabale,
Le tabac est divin et n'a rien qui l'égale.

— C'est fort juste ! remarqua Paul.

— Seulement, reprit le comte, Aristote n'a jamais humé une prise de tabac, et il est invoqué à tort dans cette affaire, lui ou sa *docte cabale*...

— Et Cicéron ! interrompit Paul avec un de ces rires fous que donne le bordeaux *tropiqué* dans les heureuses digestions de midi.

— Ah ! reprit le comte avec un sérieux comique, ah ! mon jeune ami, vous croyez me couler à fond avec Marcus Tullius ! Eh bien, je vogue encore au-dessus de l'eau... Pardon de cette métaphore empruntée aux marins !... Cicéron a dit que *l'accord unanime des peuples sur une question constitue une vérité*... Voulez-vous que je vous le cite en latin ?

— Gardez-vous-en bien, cher comte, vous me rappelleriez mon précepteur, et je vous détesterais !

— Soyez tranquille, — reprit le comte en serrant les bras de son contre son cœur, — tous les peuples fument, tous ! Accord unanime sur le tabac... Les peuples qui n'ont pas du tabac fument de l'opium ; ils ont tort ; mais donnez-leur du tabac. Les sauvages américains allument des joncs par un bout, et les fument par l'autre ; les parias de l'Inde fument de petites tiges de bambous ; les Espagnols, des Sierras qui n'ont pas deux maravédis pour acheter du tabac, fument du *papelalcoy* et des feuilles de platane desséchées au soleil. C'est l'accord unanime dont parle Cicéron. Il y a donc, au fond de l'organisme universel, un besoin mystérieux, mais réel, d'extraire avec les lèvres un peu de fumée, et de la faire floconner dans l'air. Est-ce un principe de philosophie naturelle qui fonctionne en nous à notre insu et nous oblige à nous donner à nous-mêmes une leçon sur la brièveté de la vie, sur la fumée de la gloire, sur les cendres de la tombe ? Est-ce un remède providentiel qui vient renouveler dans un monde caduc l'étincelle électrique, refroidie depuis l'anéantissement des âges forts ? C'est ce que mon ignorance ne peut affirmer. Dieu garde ses mystères ; mais il sait bien ce qu'il fait, comme toujours, lorsqu'il donne une passion commune et innocente à tous les peuples de l'Univers. Inclinons-nous, et fumons.

En causant ainsi follement ou sagement, ils étaient arrivés devant l'hôtel de Paul.

Le jeune homme paraissait ravi de l'emploi de sa matinée ; il serra très-affectueusement la main du comte, en lui disant : — Vous me permettrez en vous quittant d'ajouter un mot, et de vous emprunter un cigare.

— Oh ! nous n'avons pas épuisé la question jusqu'à la cendre, dit le comte.

— Le tabac, dit Paul, est un remède contre la plus terrible des maladies... l'ennui...

— Oui, interrompit le comte... *L'ennui, ce fléau qui désole le monde*, comme dit Bossuet, à une époque où personne ne fumait à Versailles, excepté Jean Bart. Et notez bien que cet illustre marin avait été envoyé provisoirement à Versailles pour mettre le tabac à la mode, faire créer les contributions indirectes au dix-septième siècle et prévenir le déficit de M. de Calonne · une bagatelle de cinquante millions, qui fit convoquer les états-généraux et amena 89 et Mirabeau. Si toute la France et le roi eussent suivi l'exemple de Jean Bart, il n'y avait pas de révolution. Mais ce pauvre héros fumait devant des narines paralysées, comme Rossini chante aujourd'hui devant des sourds. Mais, tôt ou tard, un jour arrive où Jean Bart et Rossini ont raison.

— Voilà une question, dit Paul, qui pourrait prendre des proportions énormes au moment où nous l'abandonnons.

— Vous dites vrai en plaisantant, mon jeune ami, reprit le comte. Sans remonter plus haut, car nous remonterions au poème de Milton, si dans le paradis terrestre, Adam eût fumé votre cigare de Havane, il n'aurait pas mangé la moitié d'une pomme, et nous serions encore à l'âge d'or.

— Ma foi, c'est croyable, dit Paul en riant, et de l'air d'un homme qui sent tomber sur sa tête la tuile d'un paradoxe.

— Et ces pauvres diables de prétoriens, reprit le comte, ces malheureux ennuyés du Bas-Empire ! Que vouliez-vous qu'ils fissent à Byzance ? ils n'avaient ni tabac ni café ; et partant, il leur fallait bien une distraction. Alors ils s'amusèrent à renverser des empires, et coup sur coup ils détrônaient une cinquantaine de bons tyrans ; ils fumaient des empereurs. Un Arabe providentiel inventa le café et le tabac, et Constantinople conquit, avec la pipe et le moka, sa tranquillité politique. On n'a plus détrôné personne depuis 1453.

La dynastie d'Osman est encore sur le trône aujourd'hui. En 1454, on fumait déjà partout sur le Bosphore, et on prenait du café devant les quatre cents mosquées de Stamboul, de Galata et de Scutari. Les sultans et les visirs donnaient l'exemple ; ils savaient que le salut de l'empire reposait sur le moka et le tabac.

Les historiens profonds qui recherchent les causes de la grandeur et de la décadence des États vont toujours chercher dans les nuages ce qui rampe à leurs pieds. L'ennui, dit Bossuet, a inventé Attila. Tout ce qui tue l'ennui tue Attila du même coup. L'ennui est le vrai fléau de Dieu... Mon cher monsieur Paul, accepterez-vous une boîte de cigares demain ?

— Très-volontiers, répondit joyeusement Paul ; je suis en ce moment un Attila bourgeois.

— Eh bien ! je vous laisse à votre porte, mon jeune ami. A demain. Je vous enverrai une carte de visite roulée à la Havane.

Le comte serra la main de son fils, et se réjouit à l'idée d'avoir ainsi adroitement commencé l'ère de ces *petits cadeaux qui entretiennent l'amitié*, et n'entretiennent pas l'amour.

Les préventions de Paul contre M. de Kéradec, qui d'ailleurs n'avaient aucun fondement et qui ne s'étaient arrêtées qu'à la surface, tombèrent une à une.

Il se trouvait si heureux dans cette société nouvelle pour lui, qui n'avait presque vécu qu'avec des jeunes gens, qu'au bout de quatre ou cinq jours, si le comte ne pouvait se passer de Paul, Paul ne savait guère comment vivre sans le comte.

Cette amitié de son fils fut la première, mais aussi la plus douce récompense de ce que le père avait fait pour l'enfant.

Chaque matin, le comte envoyait demander des nouvelles de son jeune ami ; ce message était toujours accompagné de quelques-uns de ces petits présents, qui n'ont pas une grande valeur, mais qui ont le prix réel de l'intention de celui qui les offre.

Paul aimait tout ce qui anime, orne, embellit, réjouit et pare la vie ; le comte partageait ce goût, et c'était sans cesse de nouveaux dons ; objets d'art, statuettes, petits tableaux de grands maîtres, objets rares et bagatelles précieuses ; tout le luxe mignon et coquet de la fantaisie et du caprice de toutes les époques venaient se ranger sur les tablettes du cabinet de Paul.

Il aimait aussi les senteurs suaves, et pensait avec les Orientaux que les meilleures choses que Dieu avait données à l'homme, c'était les femmes et les parfums.

Le comte lui envoyait des parfums, que l'Inde tirait à grands frais de l'Arabie heureuse, ce laboratoire du soleil.

Pour une femme adorée, on ne se montre pas plus prévenant, plus attentif et plus empressé que le comte ne l'était pour son fils.

Chaque jour, Paul trouvait sur sa table des friandises recherchées, dans ses vases et dans ses jardinières les fleurs qu'il aimait, et sur le buffet les fruits les plus beaux.

Le soir, ils se promenaient à deux, le comte ne quittait pas le bras de son fils ; ils s'arrêtaient devant les riches étalages des magasins, et le lendemain matin le jeune homme apercevait sur sa toilette les objets qu'il avait remarqués la veille.

Les bijoux de nouvelle forme et tout ce superflu de la parure élégante, si nécessaire à quelques-uns, s'offraient à ses premiers regards, après le réveil.

Le vieillard avait aussi une habileté continue à paraître faire chaque chose à son gré, tandis qu'il n'était occupé qu'à prévenir le désir de Paul.

Il se façonnait à ces jeunes inclinations avec cette facilité qui est l'esprit du cœur.

Paul avait conservé l'usage des exercices auxquels il devait la vigueur, l'adresse et la santé.

Le comte, prétendant que ce mouvement était nécessaire à son âge et le préservait des infirmités, se mêlait à cette gymnastique.

Il hantait la salle d'armes, le manège, le tir au pistolet et le jeu de paume, et il était convenu entre eux que pendant la chaude saison ils échapperaient à ses ardeurs en cherchant un refuge dans la fraîcheur des eaux.

Cette vie rendait à M. de Kéradec toute sa jeunesse, et on le félicitait sur l'amélioration de toute sa personne.

— Cher comte, lui disait la comtesse de Montauban, vous me sembliez fou, lorsque je vous ai vu prétendre suivre un jeune homme dans son existence active et pleine de secousses qui pouvaient vous briser ; mais franchement vous vous en tirez si bien que je vous regarde maintenant avec un plaisir véritable.

J'ai craint, je vous l'avoue, que vous ne laissiez dans ce train de voir votre renommée de raison, et qu'on ne vous affublât du ridicule du *Ci-devant jeune homme* ; mais c'est tout le contraire, et cela vous sied à ravir. Quant à moi, mon ami, j'éprouve du charme en voyant votre cœur si tendre et si bon ; vous vous montrez en tout si affectueux et si dévoué, que je conçois l'espérance que le monde rendra un jour justice aux qualités qui vous distinguent.

— J'espère obtenir cette réhabilitation que vous me promettez par l'acte qui présentera à ce monde Paul comme mon fils. Savez-vous, madame la comtesse, que nous sommes bien près de ce moment ; encore quatre jours, les bans seront publiés et nous pourrons fixer le jour du contrat. M. Nitard est revenu, je suis allé le voir ; je lui ai tout expliqué, et il vous prie de lui indiquer d'ici à demain un moment d'entretien à votre hôtel.

— Avez-vous songé à la corbeille ? On a beau dire, c'est un usage dont les grandes familles ne doivent point oublier la magnificence.

— Je voulais vous faire une surprise, mais vous pensez à tout.

— N'écoutez pas trop votre enthousiasme, monsieur le comte ; faites les choses comme vous savez les faire, mais je vous dirai comme M. de Talleyrand : Surtout pas de zèle !

Cette existence n'était pas seulement pour le comte un état propice à son bien-être ; pour Paul et pour lui, c'était une récréation morale dont leur pensée souffrante éprouvait un soulagement favorable.

Le comte, pour s'affermir dans cette familiarité qui faisait le charme de tous ses instants, se montrait singulièrement ingénieux ; il avait toujours un prétexte ou un motif qui l'amenait aux endroits que Paul fréquentait le plus habituellement.

Au club où ils avaient été présentés ensemble, à l'Opéra et aux Italiens où M. de Kéradec avait loué des loges à l'année, et au bois, Paul rencontrait le comte.

Celui-ci savait toujours présenter les choses de telle sorte que son empressement ne ressemblait point à l'importunité ; le hasard seul tout arrangé, et Paul disait gaiement qu'il n'avait jamais vu un hasard aussi intelligent et aussi complaisant que celui qui se mêlait de ses affaires du matin au soir.

Sous la forme de propos indifférents, le comte savait insinuer ce qu'il désirait faire connaître à Paul, mais il apportait des précautions infinies à cette tactique.

Un jour il avait peut-être oublié cette prudence, et le jeune homme parut surpris par les notions intimes que le vieillard semblait posséder sur lui.

Paul témoigna une certaine méfiance de voir quelqu'un si bien instruit de ce qui le concernait.

Le comte se tut, rompit l'entretien et se retira.

C'était au sujet de Fleurette, dont le comte s'était jusque-là abstenu de parler ; il voulait savoir au juste jusqu'à quel point ce que madame de Montauban lui avait dit de l'innocence de cette jeune fille était vrai.

Ce nuage fut le seul qui vint assombrir un instant l'atmosphère d'azur où vivaient le comte et son heureux fils.

XIV

Paul et Rodolphe.

« Lorsque tu es parti, mon cher Rodolphe, j'ai cru que mon cœur se briserait.

« De vous tous que j'aimais, tu m'étais le plus cher, et si tu me quittas le dernier, tu m'as laissé bien plus seul que ne l'ont fait les autres.

« Madame de Montauban, à laquelle je demande souvent de tes nouvelles, m'a dit que chaque affaire te donnait un titre de plus à la considération de l'armée ; que tu avais déjà conquis deux grades, et que d'autres honneurs t'attendaient.

« Cette conduite me rendait fier ; j'avais tant de fois associé mon cœur à tes nobles vœux !

« Tu es heureux, Rodolphe ; te voilà dans ces luttes que tu as tant souhaitées !

« Ta vie est pleine de fatigues et de périls, mais elle est vaillante et glorieuse, digne de ton nom et de ton caractère.

« La situation brillante qui t'attend sera ta plus digne récompense ; tu ne la devras qu'à toi-même ; ton épée, ton courage et les mérites qui font de toi un officier distingué, t'auront seuls aidé dans cette tâche ; tu n'auras pas comme moi à supporter une domination occulte et secrète qui afflige à la fois mon passé, mon présent et mon avenir.

« Oui, tu es heureux !

« Ne crois pas qu'un sentiment jaloux et envieux se mêle à la satisfaction que me cause ton bonheur ; tu me connais trop bien pour avoir de moi une pareille idée.

« Je ne me console au contraire de ton absence qu'en m'associant à tes actions et à tes succès.

« Il me semble que ce que l'amitié partage, elle le double.

« Au moment où va commencer pour moi, si j'en crois des pronostics certains, l'ère d'une vie occupée, utile et laborieuse, j'ai voulu te dire ce que je puis dire à toi seul.

« Si je n'avais pas été enveloppé, dès ma naissance, dans les langes que je porte encore et dont on ne me délivre jamais ; si le joug sous lequel j'ai traversé l'enfance et la jeunesse m'eût été imposé tout à coup, j'aurais opposé une résistance énergique et dont on n'eût pas aisément triomphé.

« Cette oppression et cette servitude sont nées avec moi, et nous avons grandi ensemble.

« Je n'ai eu, tu le sais, à supporter aucune privation.

« Ma position a toujours été prospère, pleine de bien-être et plus voisine de la richesse que de l'aisance ; mais l'oiseau, dans sa cage dorée, regrette la liberté de l'air avec tous ses périls et toutes ses peines.

« Au milieu de l'abondance qu'on lui fait dans sa prison,

il préférait à sa mangeoire, qui regorge de grains, le vermisseau qu'il découvre en grattant la neige.

« Ainsi est-il de moi!

« Toutes les fois que j'ai essayé de m'affranchir, le lien s'est resserré.

« Dans mon enfance, j'ai obéi par un instinct de docilité que la faiblesse donne à cet âge.

« Plus tard le pli était pris, et je ne pouvais l'effacer et rendre à l'étoffe sa première forme ; on me disait que j'étais l'axe qui servait de pivot à une combinaison importante, et que je n'avais pas le droit de contrarier cet ordre de choses, qui était celui de mon existence.

« Le fil de soie qui m'attachait au sortir du berceau, devint une chaîne pesante ; il est vrai qu'on prit soin de la dorer.

« Tout cela, Rodolphe, je te l'ai dit bien souvent ; ce n'est pas ma faute si depuis vingt-trois ans je n'ai que le même thème dans ma pensée, et si mes idées ont toujours tourné dans le même cercle vicieux.

« J'ai fait un dernier effort ; la liberté que je cherchais n'était pas seulement une liberté matérielle ; celle des idées, je ne m'abaissais point à la demander ; j'étais sûr de pouvoir la prendre dès qu'il me plairait de m'en emparer.

« L'indépendance que je rêvais, c'était celle de l'âme, celle du cœur, et qui me permettait de donner mon amour à qui me semblerait le mieux fait pour le mériter.

« J'ai rencontré Fleurette ; il semblait que la Providence l'eût mise sur mon chemin et m'eût placé sur la route qu'elle suivait.

« Je n'ai point oublié, Rodolphe, combien tu as redouté les effets de cette passion qui te paraissait insensée.

« Alors, je vis dans le blâme et dans le reproche de ton silence, la preuve de ton affection pour moi ; j'ai subi ta désapprobation sans me plaindre.

« Aujourd'hui, pour l'un et pour l'autre, est proche le moment où les enfants sans nom et sans famille, qu'un hasard venu du ciel avait réunis, vont posséder un nom et une fortune.

« Les ténèbres qui m'entourent ne se sont point encore dissipées, mais la vue de mon intelligence s'habitue à cette obscurité, comme cela arrive aux yeux privés de jour, et qui parviennent à voir à travers la nuit la plus profonde.

« Tout ce qui se fait autour de moi m'a révélé, non pas les clartés qu'appelaient mes vœux, mais ces lueurs pâles et incertaines qui rendent les ténèbres visibles.

« On va me marier solennellement ; j'épouse mademoiselle de Ricqueville, nièce de madame la comtesse de Montauban, qui lui laissera tout le bien dont elle peut disposer, sans toucher à la part qui te revient comme au fils du frère de son mari.

« Mon père, s'il existe encore, sera probablement représenté par un vieux gentilhomme breton, le comte de Kéradec, sur lequel on raconte les plus étranges choses du monde.

« Le comte Raoul d'Entreterre, un homme de trente-trois à trente-quatre ans, issu de bon lieu, mais qui n'a paru dans le monde que fort tard, prétend empêcher ce mariage par des raisons et pour des motifs qui lui sont tout personnels et dont il ne veut rendre compte qu'à ses propres ressentiments.

« Ainsi, la trilogie conjugale dont j'occupe le centre fait graviter autour de moi madame de Montauban, le comte Raoul et M. de Kéradec.

« La comtesse joue au fin avec moi ; elle ne me parle guère de sa tendresse qu'afin de me préparer quelque nouvelle comédie ; mais elle est dévouée à mes intérêts, parce qu'ils sont fortement liés avec les désirs de M. de Kéradec, qui paraît attacher à la conclusion de cette alliance une importance considérable.

« Je me sens porté vers M. de Kéradec par une affection dont je ne puis maîtriser le penchant ; j'ai pour lui une vénération filiale ; quelquefois, je le prends pour un homme de mon âge, malgré les nombreuses années qui nous séparent l'un de l'autre.

« Il a des manières si jeunes et si alertes que souvent je me regarde comme son aîné.

« Le premier entretien un peu long que j'ai eu avec lui m'a tellement charmé, que tout autre interlocuteur me paraît maintenant fort ennuyeux.

« J'ai besoin de sa parole, toujours vive, jeune, colorée, et quand je la compare au jargon vulgaire de mes égaux d'âge, il me semble que nous avons dégénéré.

« Le comte de Kéradec, du moins je le suppose avec raison, est un homme que la nature a doué merveilleusement, et qui n'a pas cru devoir s'en tenir paresseusement aux dons reçus : il a employé toute sa jeunesse à s'instruire, à lire, à penser, à se recueillir.

« Son instruction, acquise dans une longue retraite, au fond de la Bretagne, est exempte de tout pédantisme et de toute gravité ennuyeuse.

« Il a l'air de s'excuser de trop savoir, en jouant avec son érudition, comme un enfant avec des hochets.

« C'est un bénédictin amusant, et s'il y avait encore des couvents de l'ordre érudit par excellence, je croirais qu'il s'est enfermé vingt ans dans une bibliothèque, avec des frères de Saint-Benoît, et qu'il est ensuite rentré dans le monde pour demander pardon de son anachronisme à la frivole jeunesse d'aujourd'hui.

« Ici, Rodolphe, je ne sais plus comment trouver les termes dont je dois me servir pour te faire comprendre le dévouement dont je suis devenu l'objet constant de la part de M. le comte de Kéradec.

« Ce sont des soins ingénieux et assidus dont je ne sais comment accepter le zèle.

« Cependant, je te l'avouerai, je trouve dans cette affection quelque chose qui me réjouit, me satisfait et me flatte.

« Mon attachement pour le comte est tel, que je me sens heureux et presque fier de celui qu'il me porte.

« Je ne suis point étonné de tout ce que lui inspire un sentiment que je partage, et dans lequel je puiserais le même dévouement.

« Il me comble de présents ; il est à l'affût de tout ce qui peut ajouter un agrément à ma vie et instruire mon esprit.

« En me faisant accroire qu'il ne peut se passer de lire à peu près tout ce qu'on publie, il n'est pas un ouvrage de quelque importance dont je n'aie les prémices.

« Il en est ainsi en toutes choses.

« Le respect dans ce que j'éprouve d'affectueux pour le comte, m'empêche de refuser ce qu'il a tant de plaisir à me donner.

« Moi qui ai toujours évité de recevoir ces dons que la main échange, sans que le cœur s'en mêle, je n'ai pas osé lui causer la peine cruelle d'un refus.

« Quelque chose de filial me soumet à lui ; je me suis dit bien souvent, au milieu des bontés dont il m'entoure, que ce serait ainsi que j'aurais souhaité voir mon père avec son fils, sur le pied d'une tendre et confiante familiarité, qui n'enlève rien à la déférence de l'un et à l'autorité de l'autre.

« Si M. de Kéradec était mon père, s'il était celui à qui Dieu aurait remis le sort de toute mon existence et sous la protection de qui la Providence m'aurait placé, il ne ferait pour moi rien de plus que ce qu'il a fait.

« Sa vigilance et sa sollicitude ne se démentent pas un instant ; partout où je suis il se trouve près de moi.

« Il me soutient, me fortifie, m'encourage, me dirige, m'éclaire, me défend ; il a sans cesse un bon conseil à me donner et un service à me rendre ; il s'occupe d'arranger mes plaisirs avec plus d'application qu'il n'en met aux siens.

« De nulle autre personne, il me semble que je ne supporterais cette continuité d'insistance ; mais de lui, tout me touche et me séduit.

« Oh ! oui, Rodolphe, c'est bien ainsi que j'aimerais mon père.

« Il m'arrive souvent, en regardant la figure du comte, de découvrir, parmi les rides précoces de ses traits, quelques signes de ressemblance entre lui et moi.

« Alors je me dis que ce père, si longtemps inconnu à l'unique enfant que le ciel lui ait accordé et qui va bientôt se révéler à son fils, n'est peut-être que le comte de Kéradec.

« Cette pensée m'étreint et m'exalte, et j'aspire dans ses émanations l'orgueil de l'espérance.

« Dernièrement, au bois, je le rencontrai au détour d'une allée ; je ne sais s'il a établi une intelligence avec mes gens, mais il sait tout ce que je fais et se place inévitablement sur mes pas.

« Il est excellent écuyer et fidèle aux principes corrects et purs de la grande école de nos pères.

« Il ne jure que par M. d'Abzac, qui fût son maître d'équitation.

« Dans nos promenades habituelles, il me serre de près, ne pense plus à son cheval et ne songe qu'au mien qu'il surveille attentivement.

« Sa conversation est fort variée ; il a une connaissance fort étendue sur l'espèce chevaline, ses mœurs et son éducation ; à ses propos, il sait donner une forme légère et mêle à cet entretien des récits équestres de la veille, du jour et du lendemain ; je l'écoute avec délices.

« Le jour dont je parle, il était en verve ; tout entier à l'entraînement de ses paroles, je négligeai mon cheval, bête indocile et fougueuse, qui profita de cette distraction pour essayer par ses sauts de me faire vider les étriers.

« Le comte poussa un cri d'effroi, saisit la bride de mon cheval avec une vigueur à laquelle je ne m'attendais pas, et, lorsque par cette rude et subite étreinte, il eut calmé l'animal, il mit pied à terre, m'aida à descendre et me serra dans ses bras.

« Je ne puis te dire, Rodolphe, ce qui se passa entre M. de Kéradec et moi, dans cet embrassement dont nous sortîmes tous deux avec un trouble étrange et sans oser nous regarder.

« Il me sembla que le vieillard m'avait tendrement pressé sur son cœur, en levant les yeux vers le ciel.

« Je ne sais, mais dans son regard, il y avait comme un rayon d'amour paternel, qui m'éclaira tout entier.

« Hier, il a tenté de me parler de Fleurette, en laissant entrevoir un doute qui m'a paru injurieux sur l'honnêteté de la liaison de ses yeux avec cette jeune fille.

« Je n'ai pas souffert qu'il allât plus loin, et, dès les premiers mots, je lui ai fait comprendre que ce sujet ne m'était point agréable.

« Mon ton a été peut-être trop dur.

« Il s'est arrêté et m'a paru consterné ; je suis fâché d'avoir été si prompt et si vif ; j'ai peur de l'avoir affligé ; je devais, sans doute, montrer plus d'égards pour une sensibilité dont je connais toute la délicatesse.

« J'ai reconnu mon tort, et je n'ose le lui avouer.

« De son côté, M. de Kéradec m'a dit, dans une de ces effusions si fréquentes entre nous, que s'il avait eu un fils, il eût désiré qu'il me ressemblât ; qu'il n'aurait pas cependant osé souhaiter pour lui toutes les qualités dont j'étais doué, mais seulement qu'il en eût le reflet et le parfum.

« Le comte s'étudiait ainsi à flatter ma jeune vanité, mais sous ces louanges, je sentais la chaleur du foyer sacré qui les animait.

« Cette situation était pour nous une source d'émotions touchantes, et, par de mutuels transports, nous cherchions à revêtir cette fiction de tout ce qui pouvait lui donner l'air de la vérité.

« Le charme de cette bizarrerie enfantée par une tendresse idéale était passé de notre imagination dans notre cœur.

« Ces sages amours entre deux affections sincères et profondes étaient pleines de délices et faisaient notre joie et notre félicité.

« Pour le comte, c'était une jouvence dans les eaux de laquelle sa vieillesse disparaissait ; pour moi, c'était une expérience anticipée d'une vie de devoir, de vénération et de pieuse affection.

« Le léger nuage qui vient de s'étendre sur cette sérénité ne saurait la voiler longtemps.

« Il n'est pas possible que les impressions qui ont pénétré tout notre être s'effacent si rapidement.

« S'il faut réparer mes torts par une déclaration sincère, je n'hésiterai pas.

« Si tu étais ici, Rodolphe, tu ne me donnerais pas un autre conseil.

« Je suis jeune ; celui que je crains d'avoir offensé est un vieillard : je ne dois pas hésiter à lui montrer des égards que tout me prescrit, la convenance du monde et ma propre volonté.

« J'irai au-devant de lui afin de lui éviter la peine de venir à moi, et je saurai, sans rien faire qui soit indigne de lui et de moi, amener un rapprochement qui nous rendra intacts tous les bons sentiments qui vivent entre nous.

« Je ne peux pas plus être sans lui qu'il ne peut être sans moi ; nous nous réunirions en dépit de tous les obstacles, et je ne connais pas de puissance qui ait le pouvoir de disjoindre nos deux cœurs, avant qu'un des deux soit éteint, ou que l'un et l'autre ait cessé de battre.

« Si j'ai conquis un ami qui n'a point pris dans mon affection la place que tu y occupes encore ; si j'ai trouvé pour chacun de vous, qui m'êtes également chers, une manière d'aimer qui, sans être la même, ne fait entre mes sentiments aucune différence, c'est parce que je ne voulais point me montrer ingrat envers toi, Rodolphe, et que je n'ai pu résister à l'inclination qui me portait vers le comte.

« Maintenant, j'ai un ennemi, mais un ennemi acharné, implacable et qui me hait à la mort, sans trop savoir pourquoi.

« Il me déteste depuis ma naissance, quoiqu'il ne m'ait connu qu'à l'âge de vingt-quatre ans que je viens d'atteindre.

« Il m'est tout à fait impossible de me rendre compte des motifs de cette animosité sans cause et jusqu'à présent sans but.

« Je n'ose attribuer cette injuste exaspération à quelques succès sans importance, à des civilités insignifiantes, accidentelles et imprévues qui, par hasard, nous ont opposés l'un à l'autre.

« On prétend qu'il est fou de noblesse et que mon nom sans particule, sans titre et sans famille, l'irrite au dernier point.

« La position que je me suis faite dans la société qu'il fréquente l'importune et l'offusque ; il m'y regarde comme un intrus.

« Cette opinion, il ne l'exprime qu'avec une perfide discrétion ; toutes les fois qu'il est question de moi devant moi ; il la laisse plutôt deviner qu'il ne la manifeste.

« Madame de Montauban a cru devoir me présenter à ce personnage, sans que j'en aie témoigné le désir ; je ne le connais même pas.

« Il est un peu parent de la comtesse, et par conséquent le tien, cher Rodolphe ; en épousant mademoiselle de Ricqueville, je vais devenir aussi un de ses proches et ton cousin ; je ne comprends pas que ces considérations semblent augmenter ses ressentiments au lieu de les apaiser.

« Il porte le titre de comte d'Entreterre et se nomme Raoul, ce serait un noble, digne et beau cavalier, s'il n'était d'un aspect sombre et toujours dissimulant, comme les traîtres de l'ancien mélodrame du boulevard.

« Je sais indirectement que le comte et la comtesse redoutent beaucoup ses mauvaises dispositions envers moi : jusqu'ici, je n'en ai vu d'autre résultat que celui du déplaisir que lui cause ma présence.

« A son insu je l'ai observé, et je me suis convaincu, par un examen soutenu, que ce n'était pas à la bizarrerie et à la singularité qu'il faut attribuer certaines boutades d'une humeur noire, mais qu'il est sujet à des convulsions morales, qui le rendent insolent et cruel.

Ces attaques sont subites et poussent quelquefois leurs excès fantasques et sauvages jusqu'à la férocité.

« Ces détails sont encore un secret pour les indifférents, mais quelques confidences intimes les ont livrés à la malignité publique.

« De telle sorte que ceux qui s'intéressent à moi craignent que, pour empêcher mon mariage, contre lequel il ne cache pas sa colère, il est capable de faire tomber sur ma tête une de ces insultes que le vent et l'ouragan lancent du haut des toits.

« Dans son regard que je brave toutes les fois que je le rencontre, je lis toute la perversité et toute l'amertume de ses émotions ; cet homme, jeune encore, porte dans son cœur un serment de mort contre le ravisseur d'une sœur adorée ; sous sa peau de loup, il est capable de s'en prendre à l'agneau qui n'était pas né, lorsque ce crime a eu lieu.

« Tout ce que je te dis là, mon cher Rodolphe, est sans doute un peu mystique, un peu ténébreux, comme tu disais toi-même ; c'est qu'il existe des gens qui ne savent porter avec franchise ni leur haine, ni leur amitié.

« Maintenant j'arrive à ma situation présente ; je sais combien tu m'es véritablement ami et bienveillant : dans nos entretiens d'autrefois, dont chaque jour j'évoque le bon et estimable souvenir, nous n'avions point de secret l'un pour l'autre.

« Lorsque tu as voulu connaître le mystère de ma vie, je ne t'ai pas laissé attendre, et je t'en ai révélé autant qu'il était en mon pouvoir de le faire.

« Depuis quinze jours je respire une atmosphère plus calme ; tout ce qui se passe autour de moi me semble propice, et cependant je ne puis échapper à des préoccupations funestes et à de sinistres pressentiments.

« Plus le moment décisif approche, plus je sens grandir ces sourdes terreurs.

« Je ne sais ce qui se prépare ; la comtesse et le comte sont comme deux alchimistes qui s'enferment pour achever l'œuvre ; rien ne transpire au dehors des opérations dont ils sont occupés.

« Si tu étais ici, avec moi, je serais plus tranquille, je m'abandonnerais à ton dévouement, bien sûr qu'il ne me faillirait pas; mais je suis seul, tout seul avec mes fantômes.

« Adieu, Rodolphe !

PAUL. »

XV

Le créole de Bourbon.

Le Jardin des Plantes est une promenade de prédilection pour les créoles, ces provinciaux des colonies.

Ils admirent les Tuileries, les Champs-Élysées, le Palais-Royal, le Luxembourg ; ils aiment le domaine zoologique de Buffon, de Daubenton et de Lacépède.

Cela se conçoit.

On trouve dans ce jardin un échantillon des pays du tropique, un petit coin septentrional, où grelottent les arbres, les plantes et les animaux exilés des sauvages jardins du grand Orient.

Le printemps donnait son premier sourire à l'agonie de l'hiver.

Trois heures sonnaient au pavillon du Jardin des Plantes.

Un air tiède courait dans les grandes allées.

Les habitués des ours riaient au bord des fosses.

L'éléphant se pavanait au milieu de son public.

Les singes jouaient à l'homme dans les cages.

Les tigres miaulaient comme des tuyaux d'orgues.

Les aras criaient comme des ténors enroués.

Les lions seuls gardaient un silence philosophique, et, nonchalamment accroupis, ils appuyaient leurs faces augustes sur leurs larges griffes de fer.

Un homme jeune, vêtu à la dernière mode coloniale, en étoffes de toutes couleurs, et appuyé sur un rotin, regardait un lion dans sa cage, et faisait de grands efforts pour laisser croire aux passants qu'il était familier avec les lions en général.

Le lion et les passants ne daignaient pas le regarder.

Par moments, cet amateur levait son rotin pour épouvanter le lion et le forcer à se mettre sur ses quatre pieds; mais le noble animal répondait à cette menace par un bâillement nostalgique qui découvrait quarante dents superbes de l'ivoire le plus pur.

Il se retournait souvent pour voir l'effet produit sur les badauds d'alentour par sa bonne contenance devant les lions, lorsque tout à coup sa ronde et rouge figure s'anima, et cette parole sortit de sa bouche, sur le ton le plus bas :

— Je ne crois pas me tromper ! c'est bien M. le comte Raoul !

Il ne se trompait pas.

Le comte Raoul venait d'apprendre de sa parente, madame de Montauban, que le mariage de Paul et de mademoiselle de Ricqueville devait être célébré le surlendemain.

A cette nouvelle, le sol du boulevard habitable avait manqué sous ses pieds ; il s'était éloigné de cette zône de civilisation, pour chercher une solitude sauvage, celle qui donne au désespoir ou à la haine les meilleures inspirations.

Raoul aimait aussi, lui, ce coin de terre parisienne, où grondent les colères félines de l'exil, où s'épanouissent, en serres chaudes, les arbres des colossales végétations.

Le jeune créole retrouvait, au milieu des parfums de la grande nature indienne, le souvenir de sa sœur Anna, et toutes les émotions embaumées de ses jeunes ans.

Il entendait prononcer son nom, il regarda l'autre créole, le reconnut et lui tendit le bout de ses doigts, comme font tous les gens peu expansifs qui ne veulent pas serrer la main.

— Tiens ! c'est vous, Villette ! dit-il avec un sourire froid.

Vous voilà donc à Paris ?

— Depuis un mois, monsieur le comte, répondit le provincial des colonies en tournant le dos au lion. Oh ! j'ai voulu voir la France avant de me marier... Il faut faire une fin ; j'ai quarante-deux ans... Peut-on fumer ici ?... J'épouse mademoiselle Adélaïde, la fille de M. Grandval des Mornes... Elle a vingt-huit ans, et cinquante mille piastres de dot. Vous connaissez l'habitation du papa ? Ça doit nous revenir. Le vieux a quatre-vingt-quatre ans, mais très-usé... il a eu une jeunesse un peu... comme vous savez. On l'appelait le beau des Mornes, à Bourbon. Ma foi ! j'ai dit, on a besoin des soins d'une femme, quand on devient vieux, et je me marie ; et je suis venu à Paris, sous prétexte d'acheter la corbeille des noces, mais pour un peu réjouir mon agonie de garçon.

Raoul et Villette se promenaient dans la grande allée des Ours.

— Quelle singulière idée vous avez eue de vous marier ? dit Raoul, pour dire quelque chose.

— Mais, reprit Villette, on finit toujours par là dans les colonies. Tous mes amis m'ont approuvé...

— Oh ! les amis approuvent toujours le mariage des autres, remarqua le comte.

— Marius Villeprand surtout m'a fortement conseillé.. Vous le connaissez ?

— Non.

— C'est juste, il n'est pas de votre temps, c'est un colon de l'Ile-de-France... Cela me rappelle que j'ai promis de lui acheter une paire de bottes de Sakoski... nous avons le même pied.. Je vais faire un nœud à mon mouchoir... Quelle ville que Paris, monsieur le comte !... Croiriez-vous que j'ai resté deux heures, planté comme un bambou, devant la Bourse ! Voilà un monument ! et la Madeleine ! Oh ! par malheur, les piastres filent quatorze nœuds à l'heure... Si je disais à mon beau-père que j'ai dépensé cent piastres depuis un mois, il ne me donnerait pas sa fille..; Oui, monsieur le comte, cent piastres ! et sans rien faire d'extraordinaire... Je déjeune tous les matins au café Momus... Je dîne chez Moiselet... quinze cachets, vingt-sept francs... Les spectacles ! ah ! les spectacles ! Voilà ce qui ruine à Paris !... Tiens ! j'oubliais !... Savez-vous ce que j'ai vu au grand Opéra ?

Je suivrai mon mari partout, répondit la jeune fille en baissant les yeux. (Page 40.)

— Qu'avez-vous vu à l'Opéra? demanda négligemment le comte du ton sec d'un homme qui veut secouer la tyrannie d'un fâcheux.

— Oh! je suis sûr de ne pas m'être trompé... on jouait... le... la... Diable! je suis brouillé avec les noms... C'est un opéra où il y a des marchands de sardines qui font une révolution...

— La *Muette de Portici*, dit le comte en bâillant.

— Tout juste! Ah! par exemple, il y a une danseuse qu'il faut regarder à genoux; elle ne danse pas avec les pieds, mais avec les mains... parce qu'elle est muette...

— Eh bien! voyons, après? dit Raoul en regardant sa montre.

— J'étais au milieu du parterre... Un monsieur très-bien mis me demande si je veux acheter une lorgnette... Je marchande... Quatre piastres... Bon... Une lorgnette excellente! je pouvais compter les dents de la danseuse...

— Et après? après? interrompit Raoul.

— Tous les messieurs regardaient la salle avec des lorgnettes... J'avais mis des gants jaunes... Trois francs et demi... et je me mis à faire comme tout le monde... Il n'y avait que des gens comme il faut...

— Villette, — dit Raoul en présentant l'ongle de l'index droit à son interlocuteur, — vous me raconterez votre histoire un autre jour... J'ai une affaire grave à régler, à cinq heures, au faubourg Saint-Honoré.

— C'est que, monsieur le comte, reprit Villette, cette chose-là vous intéresse peut-être...

— Alors, achevez donc vite, interrompit Raoul sur le ton de l'impatience.

— Oui, monsieur le comte, très-vite... Je n'aime pas, moi, à chercher midi à quatorze heures, ni à marcher par quatre chemins... Je vous ai dit que j'avais ma lorgnette?

— Oui, après?

— Je regardais les dames... Il y en avait de superbes. Je regardais les hommes, parce qu'on m'a dit que les ministres vont au grand Opéra; et je voulais voir les ministres... Les figures passaient devant ma lentille, comme si elles voulaient me crever les yeux. Je les touchais...

Une lorgnette excellente! quatre piastres! je ne les regrette pas. Tout à coup j'en vois passer une de ces figures, avec un nez d'aigle, des yeux de requin et des cheveux gris. Je voulus faire un pas en arrière, mais la banquette du parterre m'arrêta, et un monsieur me dit : Prenez garde, vous m'avez enfoncé votre coude dans la poitrine... Je lui fis mes excuses très-poliment... On est très-poli à Paris.

— Mais quelle figure avez-vous vue? interrompit Raoul.

— Oh! je ne me suis pas trompé!... Une figure que j'ai vue mille fois dans ma première jeunesse... Vous avez dix ans de trop, vous, monsieur le comte, pour bien vous la rappeler... c'est le capitaine Rock...

La main de Raoul tomba sur le bras de Villette, qui tressaillit comme si la foudre l'eût frappé sous un ciel serein.

— Vous avez vu le capitaine Rock! dit-il d'une voix qui retint l'explosion.

Villette regarda le comte d'un air stupéfait, et attendit une seconde interrogation pour faire un geste affirmatif, et ajouta :

— Oui, monsieur le comte, je l'ai vu, bien vu, et même j'ai pensé à vous en ce moment, parce qu'on m'a dit à Bourbon que cet homme était votre mortel ennnemi, et qu'il y avait je ne sais quelle histoire de...

— C'est bon ! interrompit Raoul; et vous croyez que vos yeux ne vous ont point trompé ?

— Bah ! s'écria Villette; mes yeux ! vous ne connaissez donc pas la réputation de mes yeux !... A l'Ile de France, je vois un aigle sur la montagne du Pouce; et à deux lieues en mer, j'ai lu l'inscription anglaise gravée sur le rocher de Sainte-Hélène : *Send a long boat*...

— Vous avez vu le capitaine Rock, interrompit Raoul en frémissant de rage de la tête aux pieds.

— Mais, oui, oui, oui; comment faut-il vous le dire, en musique ? Je ne la sais pas. Je l'ai vu, non pas une fois, mais trois fois. J'aime le grand Opéra, moi, comme tous les créoles; j'y vais trois fois par semaine; cela me coûte une piastre; tant pis ! on me fait payer vingt, trente sous, quarante sous quelquefois, pour acheter une place à la queue ! tellement que je voulais aller me plaindre à la police ! Est-ce qu'on devrait vendre des places à la queue, et...

— Tu l'as vu trois fois ! interrompit encore Raoul.

Et à chaque interruption, la main de fer du comte serrait fortement le bras de Villette.

— Trois fois... Comment appelez-vous cette danseuse qui...

— Oh ! je ne veux rien savoir et ne rien vous dire de plus, monsieur Villette. Tout le reste m'est indifférent. Vous avez vu trois fois à l'Opéra le capitaine Rock, cela me suffit... C'est aujourd'hui mercredi.

— Oui, monsieur le comte... et le 15... j'ai une traite de deux cents piastres sur...

— C'est jour d'Opéra, interrompit Raoul.

Ecoutez, Villette, si vous ne vous êtes point trompé, je vous devrai plus que la vie; nous ne pouvons rien faire maintenant. Trouvez-vous à huit heures dans le passage de l'Opéra, galerie de l'Horloge, nous dînerons ensemble au café de Paris, et nous irons ensuite à l'Opéra; si celui que j'ai tant d'intérêt à trouver y est, vous me le montrerez.

— Je serai exact au rendez-vous, monsieur le comte.

Et ils se séparèrent sur ces mots.

A huit heures précises, Villette, tout fier de l'invitation, se trouvait à l'endroit indiqué, après avoir bien des fois regardé sa montre, afin de s'assurer qu'il n'était point en retard.

Pour faire honneur au comte, il avait imaginé une toilette prodigieuse; il avait un pantalon chamois, un gilet écossais, un habit vert clair à collet de velours noir, une cravate zébrée par les teintes les plus variées et les plus éclatantes, un jabot énorme, d'amples manchettes; une chaîne d'or massive serpentait sur son gilet, et un gros paquet de breloques se balançait à sa ceinture.

A ses doigts il portait des bagues de toutes les formes, et un gros solitaire de la plus belle eau resplendissait à sa chemise; il était fort embarrassé, et ne savait comment il parviendrait à mettre ses gants jaunes et à montrer ses bagues.

Il imagina de ganter une seule main et de tenir l'autre à découvert.

Raoul, qui, vêtu de noir selon sa coutume, était boutonné du haut en bas, en cravate blanche, avec des bottes vernies et des gants paille, ne put réprimer un sourire moqueur à la vue de Villette, si grotesquement bariolé.

Ils entrèrent au café de Paris. Raoul connaissait presque tous les dîneurs; il les salua et leur présenta Villette comme son convive; il venait des colonies, de l'île Bourbon.

Cette présentation moqueuse fut accueillie comme elle avait été faite.

Le comte et son convive se mirent à table.

Raoul vivait de régime; il était d'une extrême sobriété et ne buvait que de l'eau glacée; il prit seulement un potage au lait d'amandes, une côtelette, un peu d'épinards et une compote de pommes.

Il fit servir à Villette un potage aux œufs pochés, précédé de trois douzaines d'huîtres, une aile de chapon au gros sel, un turbot au gratin, une tranche de pâté de foie gras, une mayonnaise de homard, un perdreau truffé et une omelette soufflée d'un pied de hauteur.

Les vins de Madère, de Xérès, de Bourgogne, de Bordeaux et de Champagne lui furent successivement offerts.

Le sorbet glacé comme coup du milieu, le café et les liqueurs des îles achevèrent ce dîner, dont Villette ne laissa nul vestige.

De toutes les tables, on enviait cet admirable appétit; il y avait là trois ou quatre vieux nababs essoufflés et quelques attachés d'ambassades, à l'estomac brûlé par la cuisine diplomatique; ils vivaient de gruau, de gelée de pommes et de calembours.

Le dîner de Villette, que le dessert amusa par mille friandises recherchées, coquettes, chatoyantes et délicates, finit à dix heures.

C'est l'heure où la fashion vient à l'Opéra.

Le comte d'Entreterre plaça Villette à la porte de l'orchestre, le meilleur endroit pour y établir le centre d'une observation minutieuse, au moyen de laquelle la salle tout entière tourne sous l'objectif du télescope d'Opéra.

De la première galerie, l'inspection du firmament devait monter jusque sous les combles; mais tout de suite, dans une loge du milieu, Villette aperçut le capitaine.

Il était en compagnie d'une vieille dame et d'un jeune homme remarquablement beau, et d'un troisième personnage qu'à sa grande surprise Villette reconnut pour être le comte Raoul, en personne.

Celui-ci ayant quitté la loge, vint rejoindre son observateur, qui était devenu le point de mire de toute la salle et excitait un rire universel.

Raoul, un peu déconcerté par cette attention générale,

emmena Villette au foyer alors désert, et l'interrogea sur le résultat de ses recherches.

— Mais vous le connaissez, lui répondit Villette, ce capitaine Rock, avec lequel vous causiez tout à l'heure ?
— Moi ?
— Vous, monsieur le comte !... Ce vieillard avec lequel vous vous entreteniez dans la loge de la première galerie, c'est le capitaine Rock.

Raoul était en proie à un étonnement dont il ne pouvait revenir.

Sa pensée était flottante, incertaine et ballottée entre ces deux noms et ces deux hommes.

Le comte de Kéradec et le capitaine Rock.

Il prit la lorgnette, s'abrita sous la porte de l'orchestre, pour n'être pas vu, et braqua son œil sur la loge.

Alors, par une intuition pénétrante, il parvint à découvrir les traits du capitaine Rock sur le visage du comte.

Ce fut comme un vaporeux mirage du passé.

Il sortit en toute hâte, entraînant Villette jusqu'à sa voiture, où il le fit monter, et ordonna de conduire à l'hôtel.

Deux heures après cette brusque sortie, dans une chambre bien close, aux fenêtres drapées de rideaux épais, foulant des tapis moelleux et assis commodément dans ces fauteuils chauds, profonds et mollement élastiques et souples que nous ont laissés nos pères, le comte Raoul et Villette devisaient ensemble.

Le gentilhomme buvait du thé, l'autre achevait un bol de punch au rhum venu en droite ligne de la Jamaïque.

L'entretien était commencé depuis longtemps et avait déjà fait surgir quelques révélations.

— C'est bien lui, n'est-ce pas, Villette ? je l'ai reconnu. Savez-vous ce qui est cause que dans le comte de Kéradec je n'ai pas aperçu le capitaine Rock ? je n'ai cherché que les traits de l'homme que j'avais vu à l'île Bourbon, et je n'avais point imaginé qu'il pût être un vieillard.

Le capitaine Rock était toujours, dans ma pensée, ce marin de trente-cinq ans, dont j'avais contemplé la mâle virilité..., mais enfin, c'est lui, il n'en faut plus douter... J'ai un scrupule... ce n'est point le vieillard que j'ai juré de tuer ; c'est quelqu'un qui pût se défendre et que je voulais attaquer ; je me vengerai, mais je ne suis pas un assassin... Le vieillard, je le connais, le comte de Kéradec ne peut lutter contre moi qui suis dans la force de l'âge ; il y aurait de la déloyauté à le provoquer, je veux que ma vengeance soit aussi pure que la cause qui me l'inspire... Ah ! s'il avait un fils !...

— Il en a un !
— Que dis-tu ?... Où est-il ?
— Il est ici, auprès de son père... C'est le jeune cavalier qui est à la droite de la vieille femme et dont chacun admire la beauté.
— Paul !... le fils du pirate !... Oh ! l'heureuse destinée !

— Mais Paul, dit Villette, est aussi le fils d'Anna, de votre sœur... J'ai eu occasion de causer hier avec un vieux Breton qui revient de Penmarck et qui m'a révélé ce que je viens de vous raconter !

Raoul murmurait de cruelles et fatales paroles ; il cherchait à se persuader que Paul n'était pas l'enfant d'Anna, et qu'il n'était que le fils du pirate.

Puis, reportant sa mémoire vers cette nuit où il avait vu Anna enlevée à ses caresses, il disait en versant des larmes :

— Comme elle pleurait, ma pauvre sœur ! comme elle se débattait contre ces noirs démons qui l'emportaient rapidement vers le rivage !

Elle était chaste, malgré son amour ; elle n'a cédé qu'à la violence, et la preuve que le fruit de ce rapt n'est point son sang, c'est qu'il n'a point été légitimé par le mariage de sa mère... Avez-vous, Villette, des documents sur ce point si important pour moi ?

— Aucun, monsieur le comte, mais le matelot, qui a servi sous les ordres du capitaine, m'a dit que le père venait à Paris pour produire les titres légitimes de son fils.., S'il m'était permis de donner un conseil à monsieur le comte, je serais d'avis d'attendre que cette production authentique ait eu lieu, sans cela on s'exposerait à de poignants regrets... et même à des remords.

— Eh quoi ! s'écria Raoul en proie à un accès de rage ; je tiens ma vengeance et on me l'arracherait ! je la livrerais moi-même, je la laisserais prendre dans mes mains, quand je peux accomplir, à l'instant même, le serment que j'ai fait d'une équitable vengeance ; je livrerais ma promesse et l'honneur de ma parole aux chances d'un retard !... Ce serait me jouer de ma patience !

Le comte Raoul, en prononçant ces mots, était absorbé par une frénésie voisine du délire.

Villette, effrayé par cet horrible état, sonna les gens du comte, et Raoul, emporté dans son lit, passa la nuit tout entière dans les transports d'une fièvre brûlante et dans une insomnie toute remplie de paroles de haine, de vengeance, d'atroces et sanglantes imprécations, et de hideuses menaces.

Cet état de fièvre et de surexcitation dura jusqu'à la naissance du jour, où le malade parut goûter un repos salutaire dans un demi-sommeil de quelques heures.

Villette, qui n'avait pas quitté son chevet, resta jusqu'à la fin de cette crise et ne consentit à quitter le comte qu'à son réveil.

Raoul, dans cette somnolence, prononçait des paroles vagues et sans suite...

Villette les recueillait avec avidité.

Quelle ne fut pas sa surprise, lorsqu'il entendit sortir de cette bouche entr'ouverte les aspirations les plus tendres, des effusions de sensibilité et des cris passionnés.

Il étendait les bras comme s'il voulait saisir un objet qui fuyait cet embrassement.

Le nom de Paul se mêlait à toutes ces émotions.

— O mon cher Paul ! s'écria-t-il presque éveillé, pourquoi suis-je fatalement entraîné à te vouloir donner la mort quand je suis prêt à perdre ma vie pour sauver la tienne? pourquoi faut-il te haïr lorsque je voudrais tant t'aimer?

Cet effort brisa ses forces; il tomba dans un abattement complet, et ceux qui furent témoins de ce désordre moral le crurent fou et s'éloignèrent de lui avec terreur.

A son réveil, Raoul ne savait rien de l'accès de la veille, et il ne se souvenait plus que de sa haine et de son serment.

Qui pourra expliquer ce mélange bizarre, cette étrange confusion et cet assemblage singulier de la haine et de l'affection, dans le même cœur, pour et contre le même être, et ces deux impressions si contraires poussées à la même exagération?

A la pensée de Raoul se présentait donc aussi, comme à ses regards, une double image de Paul :

Le fils du pirate, objet exécré.

L'enfant d'Anna, objet chéri.

Dans un certain ordre des phénomènes intellectuels, l'idée et la sensation sont si étroitement réunies qu'il devient impossible d'assigner les limites de l'une ou les bornes de l'autre.

Raoul, à force de renfermer en lui-même toutes ses idées et toutes ses pensées, avait émoussé son intelligence et son esprit, comme les yeux qui s'affaiblissent par le nombre des objets qu'ils veulent embrasser à la fois.

Pendant que Raoul était ainsi secoué et ébranlé par le tumulte intérieur qui faisait trembler la partie immatérielle de son organisation, madame de Montauban, le comte de Kéradec et Paul, dans leur loge de l'Opéra, ne prêtaient aucune attention aux charmes de la scène et se livraient à des épanchements et à une allégresse qui ne prenaient point de fin.

L'azur de leur ciel était si doux!

Ils avaient décidé entre eux que la signature du contrat aurait lieu le lendemain dans la soirée, et que le surlendemain se célébrerait le mariage civil et religieux.

Tout le temps passé à l'Opéra avait été employé à régler le cérémonial et l'étiquette de ces deux grandes journées.

Il était bien convenu qu'on ne ferait point de noce : après la messe, les nouveaux époux prendraient la route de la Normandie, et iraient passer au château de Montauban les délices discrètes qu'il faut éloigner du profane vulgaire, des fâcheux et des importuns.

A la sortie du spectacle, le comte demanda la permission de se retirer chez lui; il devait se lever de bonne heure, pour mettre la dernière main aux riches emplettes.

Paul conduisit madame de Montauban jusqu'à sa voiture et prit congé d'elle.

Avant de rentrer, il alla faire un tour au cercle pour y causer un instant.

Ne trouvant personne dans les premières pièces, il se dirigea vers la salle du billard.

A son entrée, il entendit une explosion de rire générale, qui partait d'un groupe placé dans l'embrasure d'une fenêtre.

On avait prononcé son nom, et à son approche on cessa l'entretien.

XVI

Une scène de club.

Le comte Raoul d'Entreterre n'avait point d'amis, et ne laissait même jamais échapper une occasion de railler l'amitié; il fréquentait quelques hommes de naissance, beaucoup plus âgés que lui, au nombre desquels était le marquis de Puymorin, qui, par son bon sens et sa loyauté reconnue, jouissait d'une haute considération dans le club de ***, où Raoul passait toujours une heure en sortant de l'Opéra.

Ce même soir, Raoul serra la main de M. de Puymorin, et lui dit :

— Me permettez-vous de vous entretenir d'une affaire secrète, et de vous demander un conseil?

M. de Puymorin désigna un petit salon désert, éloigné du billard, et il y entra le premier.

— Je ne veux pas vous raconter une ancienne histoire; ce serait trop long, dit Raoul en s'asseyant auprès de son conseiller choisi, — il me suffira de vous dire que si jamais vengeance fut légitime, c'est celle que je veux exercer contre un homme... un bandit... dont vous me permettrez de vous cacher le nom...

— Ne dites que le nécessaire, l'indispensable, interrompit M. de Puymorin.

— J'ai même fait un serment, reprit Raoul; un serment de créole, ou de sauvage, comme vous voudrez. Je ne sais pas si les hommes de la civilisation attachent une grande valeur à un serment; je sais que nous sommes les esclaves du nôtre, nous, fils de l'Océan indien.

— Un serment est une chose grave partout, remarqua le conseiller.

— Ce serment, je l'ai fait sur la tombe d'une sœur, poursuivit Raoul... d'une sœur...

Les sanglots étouffèrent la voix du comte.

M. de Puymorin attendit en silence; il était fort ému. Les larmes des autres mouillent toujours un peu nos paupières.

Raoul fit un violent effort, et continua ainsi :

— Il faut donc que je tienne mon serment; il faut que j'assouvisse ma vengeance...

— Il serait plus noble et plus chrétien de pardonner, interrompit M. de Puymorin.

— Impossible! impossible! impossible! reprit Raoul d'une voix sourde. Cette vengeance est la chose de ma vie; c'est ma seconde âme... et si vous saviez!...

— Mais enfin, dit M. de Puymorin, comment pouvez-vous vous venger! J'ignore et je veux ignorer le motif, mais je ne vous conseillerai jamais rien de contraire aux lois de l'honneur.

— L'insulte, reprit Raoul, est la plus grande qu'un homme puisse faire à une famille. Je compte demander une réparation

— Eh bien! monsieur le comte Raoul, vous êtes le meilleur juge de votre propre cause, et je ne vois pas à quoi mes conseils peuvent servir.

— Excusez-moi, — dit Raoul accablé par toutes les passions violentes, — je n'ai pas dit mon dernier mot... Il est évident que je veux lui demander une réparation par les armes... mais cet homme... est un vieillard... Cet homme défend aujourd'hui son crime avec des cheveux blancs.

M. de Puymorin se leva, et d'un ton grave il dit :

— Comte Raoul, un vieillard est sacré; un criminel à cheveux blancs appartient à la justice de Dieu, ou au tribunal. Vous, jeune homme, vous n'avez aucun droit sur lui. Votre serment est prescrit. Gardez-vous de porter les mains sur la vieillesse. Vous seriez maudit.

— Et l'insulte restera impunie! dit Raoul en plongeant ses mains dans ses cheveux.

— Sur la terre, dit le conseiller. Aucun crime n'est impuni.

Un cri de rage éclata sourdement dans la poitrine du comte Raoul.

En ce moment un grand bruit de voix et d'éclats de rire se fit entendre dans le voisinage.

Plusieurs jeunes gens envahirent le petit salon, et un d'eux appelant Raoul, lui dit :

— Tout le cercle en masse vient d'exprimer un vœu, et nous venons le faire entendre à vos oreilles, comte Raoul.

Le comte se remit dans un état presque naturel et dit :

— Voyons, quel est ce vœu ?

— Nous réclamons, à l'unanimité, dit un jeune étourdi, l'admission au club du nouvel ami de Raoul.

— Quel ami? demanda naïvement le comte.

— Parbleu! celui qui s'est présenté à l'Opéra ce soir, en costume d'arc-en-ciel, et qui s'est envolé d'une cage d'aras.

— Ce pauvre créole Villette ! dit Raoul; excusez-le; il sort d'une île déserte.

— En effet, dit une autre voix, il ressemble au fils de Robinson endimanché.

— Oh! reprit Raoul, ne parlez pas mal de lui devant moi; il vient de me rendre un fameux service...

— Il vous a donné l'adresse de son tailleur ? interrompit une autre voix.

— Il m'a mis sur la piste d'un homme dont je suis le créancier depuis vingt ans.

— Le débiteur est-il riche? demanda le premier plaisant.

— Millionnaire, répondit Raoul... et...

— Je connais cette histoire, interrompit gravement M. de Puymorin, et je n'y trouve pas du tout matière à plaisanterie.

Le silence se rétablit un moment; et pour changer brusquement de conversation, un jeune homme la mit sur un autre chemin.

— Avez-vous remarqué la belle veuve, ce soir, messieurs ?

— Oui, — dit un autre, en essayant une queue au billard, — elle s'est mise en coquetterie avec le beau Paul.

A ce nom, Raoul se rapprocha sournoisement.

— Elle a tenu sur Paul sa lorgnette pendant le premier acte.

— C'est vrai; nous sommes venus de bonne heure, nous, avec Alfred, comme des provinciaux qui paient leur place. Il n'y avait donc que nous dans les loges, les hommes n'étaient pas venus, et la belle veuve ne craignait donc aucun regard indiscret : aussi le jeu de la lorgnette et de l'éventail n'a pas cessé.

— Et que répondait le beau Paul?

— Lui! Oh! lui, ce grand Joseph blond ne répondait rien, comme un télégraphe destitué par un coup de vent.

— C'est un jeune homme qui fait *le bégueule*.

— Il y a eu un moment superbe... L'as-tu remarqué, Alfred ? Lorsque madame Damoreau a chanté, avec tant d'expression, cette jolie phrase amoureuse : *S'il m'aime autant qu'il est aimé*, la belle veuve a battu la mesure avec une légère ondulation d'épaules.

— C'est vrai ! c'est vrai !

— Le mari de cette veuve a très-bien fait de mourir, il y a deux ans. Voilà une bonne inspiration.

— Décidément, notre beau Paul est à la mode chez les veuves, comme le crêpe chinois du magasin de deuil d'Artémise.

— Heureusement pour les mânes des époux morts, il se marie...

— Paul se marie! interrompirent plusieurs voix.

— Ce mariage m'a fait manquer un carambolage! cria le jeune Alfred.

Le comte Raoul, qui frémissait habituellement de haine et de jalousie toutes les fois que le nom de Paul résonnait à ses oreilles, prit alors la parole et dit :

— Oh ! ce mariage n'est pas fait...

— Bon ! dit Alfred, voilà le lion qui sort de sa tanière pour protester contre Paul... Et pourquoi ne sera-t-il pas fait ?

— Parce qu'il faut signer au contrat, dit Raoul.

— Est-ce que Paul ne sait pas écrire? demanda une voix.

— Cela ne suffit pas, reprit Raoul... pour signer, il faut avoir un nom; il n'y a pas de contrats anonymes. Paul est l'absence d'un nom.

Un éclat de rire accueillit cette épigramme, et c'est alors que Paul entra au club, comme nous l'avons dit plus haut.

Paul s'avança grave et silencieux vers le groupe ; il se tint à quelque distance des causeurs, et d'une voix haute et ferme, il leur dit :

— Au moment où je suis entré, quelqu'un a prononcé mon nom... on s'est mis à rire, et en me voyant, votre hilarité et votre entretien ont cessé tout à coup. J'ai le droit de demander quel est celui qui m'a nommé pour me livrer à votre raillerie... Votre silence à mon arrivée est pour moi la marque d'une insulte.

Personne ne répondit.

— Il y a donc parmi vous, reprit Paul avec dédain, quelqu'un qui n'ose point avouer ce qu'il a dit d'une personne absente, lorsque celle-ci vient lui en demander compte... Messieurs, prenez-y garde, c'est une indignité dont vous vous rendez tous complices...

A ces mots, le groupe se dispersa et se tint à distance, comme pour repousser toute responsabilité ; une seule personne ne prit point part à cette retraite subite, et qu'elle n'avait sans doute pas prévue.

Paul se trouva face à face avec Raoul ; il le toisa du regard, et lui adressa cette question avec autorité :

— Est-ce vous, monsieur le comte, qui avez prononcé mon nom ?

— Oui, c'est moi.

— Pourquoi vous êtes-vous interrompu en m'apercevant ? Ce que vous disiez était certainement spirituel et plaisant ; je ne serais pas fâché d'avoir ma part de la gaieté qu'excitaient vos paroles... Seriez-vous assez bon pour me les répéter ?

On entoura les deux interlocuteurs.

Le comte d'Entreterre pâlit ; il grinçait des dents, sous la honte d'être pris en flagrant délit d'insulte contre une personne absente.

Paul était digne et calme, ainsi que cela sied à l'homme fort de son droit.

Il attendait, sans hauteur, sans impatience.

Dans ceux qui contemplaient cette scène, l'émotion était grande ; on assistait à l'exposition d'un de ces drames du monde, plus terribles que ceux du théâtre, et dont les catastrophes ont si souvent une sanglante réalité.

— Vous ne répondez pas, monsieur le comte, reprit Paul après un long silence... Ces messieurs apprécieront votre conduite... Je n'ai plus qu'à me retirer... J'ai l'honneur de vous saluer.

— Monsieur, s'écria Raoul en s'élançant vers Paul, ne sortez pas ; je suis prêt à vous donner une explication et à vous répéter ce que j'ai dit, mais à vous seul.

— Cette proposition est inadmissible... Il me faut une explication publique, comme l'offense que je crois avoir reçue.

— Je ne subirai pas cette humiliation.

— Alors, monsieur le comte, je n'insiste plus et je me retire...

Paul se dirigea à pas lents ; au moment où il allait sortir il trouva Raoul sur le pas de la porte, qui le menaça en criant :

— Vous ne sortirez pas !

Paul continua de marcher, écarta M. d'Entreterre sans violence, et au moment où le comte, hors de lui, levait la main pour le frapper, il agita son gant devant le visage de Raoul ; puis il descendit à pas comptés l'escalier, monta en voiture et partit.

Le comte resta immobile et atterré.

Tous ceux qui avaient été présents à cette scène, admirèrent la noble et paisible attitude de Paul ; le sang-froid et la dignité de ses paroles.

La manière même dont il avait repoussé la dernière algarade du comte avait quelque chose d'outrageusement chevaleresque et d'un excellent ton.

Paul, rentré chez lui, pensait douloureusement à ce qui s'était passé ; mais comme il n'avait répondu qu'à une attaque brutale, il espérait que Raoul comprendrait qu'il valait mieux ne plus parler de cette altercation et la laisser oublier.

La considération du comte y était plus intéressée que la sienne.

Son valet de chambre vint l'avertir que deux jeunes gens demandaient à le voir pour une affaire urgente.

Il était plus de minuit, Paul allait se mettre au lit, mais se doutant de l'objet de cette visite, il revêtit une robe de chambre et se rendit au salon où il avait fait attendre ces deux personnes.

On se salua gravement de part et d'autre ; les visiteurs remirent poliment à Paul deux cartes.

L'une portait le nom du baron de Fortis et l'autre celui du vicomte de Vertbois.

Ils se présentaient, comme chargés par M. le comte d'Entreterre, d'appeler pour le lendemain matin M. Paul à une rencontre inévitable.

Paul répondit qu'il était prêt à donner à M. le comte d'Entreterre toute satisfaction qui serait jugée honorable et nécessaire par les témoins ; il ajouta :

— Bien convaincu de n'avoir aucun tort dans cette discussion, je n'avais pas prévu que l'offenseur enverrait demander raison à l'offensé, et je n'ai pas averti de témoins.

Si vous voulez avoir la bonté d'attendre, je vais les envoyer chercher, et ils ne peuvent tarder à venir.

Paul se leva, et après avoir demandé la permission de laisser ces messieurs seuls pendant qu'il irait donner ses ordres, il sortit.

Les deux témoins, fort jeunes, étaient visiblement embarrassés ; la tranquillité de Paul les étonnait.

Ils avaient préparé des phrases sonores, de grands mots et des doctrines retentissantes sur le point d'honneur.

Ils voulaient prendre l'air provocateur, et, devant la sérénité de Paul, ils ne savaient que résoudre.

C'était la première fois qu'ils remplissaient cette redoutable mission de témoin, et la première fois qu'ils allaient sur le terrain de la rencontre.

Leur cœur battait vite.

Paul rentra.

Il offrit des cigares, il fit apporter sa cave à liqueurs et tout ce qu'il fallait pour faire un grog ; puis il plaça lui-même la conversation sur la petite chronique du jour ; bien que, quand les témoins de Paul arrivèrent, ceux de Raoul riaient aux éclats des récits plaisants qu'ils venaient d'entendre.

Après avoir fumé un cigare et bu quelques verres de grog, les quatre témoins se retirèrent dans le cabinet de Paul pour conférer ensemble.

Entre les témoins des deux champions, il existait un contraste frappant.

Paul avait choisi, pour l'assister, deux officiers de l'armée d'Afrique, camarades de Rodolphe, qui les lui avait adressés à Paris, et qu'il avait présentés dans plusieurs salons.

Leur tournure militaire, leur teint brun, leurs longues moustaches et la large mouche du menton donnaient à leur jeune et belle figure un air valeureux; ils portaient le caban bleu doublé de rouge soutaché d'or et de soie, et le képi africain.

Les témoins rentrèrent après une heure d'entretien.

Les deux officiers ne niaient pas la gravité de l'offense dont se plaignait l'adversaire de Paul, cependant ils lui demandèrent devant les témoins réunis un nouveau récit de ce qui s'était passé.

Paul fit une brève et simple relation des faits; elle se trouva exactement conforme à celle des témoins du comte.

Les Africains ne purent dissimuler leur regret que, dans une affaire aussi grave que celle-ci, M. le comte d'Entreterre n'eût pas pris des témoins plus habitués que ne le sont ces messieurs à ces fonctions si délicates.

Ils rendaient justice à leur loyauté et à leur droiture, mais il leur manquait cette expérience qui pouvait arriver à une honorable conciliation.

On convint que pour parer, autant que possible, à cet inconvénient, les deux témoins du comte le verraient de très-bonne heure, et que les témoins auraient une nouvelle conférence, les officiers ayant formellement déclaré qu'ils ne souffriraient aucune explication sur le terrain, et Paul partagea cet avis.

Les témoins sortirent ensemble.

Paul, soumis à cette soudaine et formidable éventualité qui le frappait si fatalement, au moment même où sa destinée allait être décidée, éloigna de sa pensée tout ce que lui promettait la journée du lendemain, ou plutôt le jour déjà commencé.

Il devait rester fort et se montrer digne de lui-même, jusqu'au bout de sa tâche.

Il écarta donc courageusement, sans peur, mais non sans souffrance, tout ce qui risquait d'amollir sa résolution.

Il mit en ordre ses papiers, écrivit quelques lettres.

A Rodolphe, à Fleurette à laquelle il rendit ce nom de leurs amours, à madame la comtesse de Montauban et à M. le comte de Kéradec.

Ces lettres étaient courtes, énergiques et pleines d'une suave mélancolie; elles étaient écrites dans la plus fatale des prévisions.

Il donna, par un acte qu'il déclara être son testament olographe, tout ce qui serait trouvé dans son appartement, sans en excepter aucun objet.

Il était quatre heures du matin lorsque ces dispositions furent terminées.

Paul examina ses armes, s'assura qu'elles étaient bonnes et prépara tout ce qui pouvait servir au combat.

A cinq heures seulement il put se reposer.

A six heures, son valet de chambre entra chez lui et le trouva profondément endormi dans un fauteuil.

Il le réveilla.

Ses témoins étaient arrivés.

Ils avaient amené avec eux un chirurgien aide-major d'un des régiments de la garnison de Paris.

Pendant que ces choses se passaient dans la maison de Paul, avait lieu l'entretien nocturne de Raoul et de Villette, comme nous l'avons vu.

Ces faits se passaient simultanément.

XVII

Le salon.

Si on voulait peindre le bonheur domestique, on le représenterait ainsi : un vieillard contemple avec ravissement une jeune fille, qui sera femme le lendemain, et la femme de son fils bien-aimé.

Une excellente amie et une parente complètent le trio, et sourient à ces deux sourires de l'hiver radieux et du printemps en fleur.

La scène se passe dans un salon ouvert au parfum des premiers lilas, et tout encombré dans ce désordre charmant qui annonce un mariage; le luxe brille partout.

Les robes de la mariée habillent des fauteuils; les nuages de mousselines et de dentelles flottent partout.

Les écrins ouverts éblouissent les yeux.

Les châles de l'Inde déroulent leurs mosaïques de fleurs et d'oiseaux.

Une pensée d'amour donne à ces fantaisies ce prix inexprimable qu'elles n'ont jamais chez le marchand.

— Oui, disait la jeune fille; je veux que mon mari m'appelle toujours Fleurette, et je ne puis me décider à répondre à un autre nom.

— Allons; elle y tient, dit madame de Mautauban. Mais, chère petite, ce nom me paraît un peu trop bourgeois. Enfin, puisqu'il te plaît, garde-le, et s'il plaît à Paul, je m'incline, et moi-même je te le donnerai.

— Très-bien! chère comtesse, dit le comte de Kéradec; voilà encore un point réglé. Nous tenons un conseil de famille, et nos arrêts sont souverains. Tant pis pour les absents! ils auront tort, selon leur usage.

Et l'heureux vieillard pressait deux petites mains d'ivoire dans les siennes.

Son visage s'illuminait de joie.

Il commençait une vie nouvelle avec la vie de son fils; il avait tout oublié, ou, du moins, les ténèbres s'épaississaient chaque jour davantage sur son passé.

Les scènes terribles de sa jeunesse lui semblaient appartenir à d'autres héros, à d'autres noms.

Le crime du pirate devenait insensiblement, dans le brouillard d'un passé lointain, une chose fabuleuse, un rêve de fiévreux après un coup de soleil indien; un crime impossible, ou même excusable pour cause de folie instantanée, s'il était réel.

Aux yeux du vieillard, le ciel semblait même sourire, et l'azur qui flottait sur les premières fleurs du jardin, était

Les oisifs causent. (Page 41.)

puis le plus humble genre jusqu'aux magnificences et aux splendeurs de l'Opéra.

Paul savourait avec délices ces premières impressions de l'esprit et du cœur de Fleurette, neuve encore à ces émotions; celle-ci se sentait pénétrée d'une tendre reconnaissance pour ces égards et pour ces complaisances dont elle était l'objet.

Et ces deux cœurs se donnaient une satisfaction réciproque par leur propre contentement.

Il fut convenu entre Paul et Fleurette que l'on irait au moins deux fois par semaine au Théâtre-Français.

Elle ne rêvait que spectacle et ne songeait plus au bal.

La lumière se faisait graduellement dans sa jeune intelligence : elle comprit ces convenances dont elle n'avait pas l'idée.

On choisit quelques heures pour des leçons indispensables.

Paul avait divisé ce travail entre le matin et le soir ; il ne voulait pas que Fleurette, en cessant d'être ouvrière, se privât des ressources d'un travail certain.

Des lectures choisies achevèrent cette œuvre de clarté intellectuelle.

Paul, comme le sculpteur amoureux de sa création, était aux pieds de l'élève qu'il venait d'animer.

Un an s'était à peine écoulé, que Fleurette parlait avec goût et avec correction ; elle chantait la romance avec une voix pure, une juste et harmonieuse expression ; elle savait tenir un crayon ; elle n'avait effleuré, il est vrai, que la superficie de l'art, mais cette instruction l'avait initiée promptement à ces agréables loisirs, en lui épargnant les peines et les difficultés de l'étude ; son esprit mobile et léger n'était pas encore capable d'une longue application.

Paul, avec ce tact qui lui était propre, avait doté cette jeune fille, en l'élevant, au lieu de l'abaisser par des prodigalités qui ressemblent toujours, quoiqu'on fasse, au prix d'un marché.

Fleurette était à même de comprendre son ami, et pour ces deux cœurs qui battaient sous la même impulsion, commença une ère d'attachement qui confondait dans un parfait accord leurs pensées et leurs sensations.

Les facultés de la jeune fille furent fomentées par le feu de la tendresse de Paul, comme les plantes délicates et précieuses qui se développent en serre chaude, à l'abri d'une atmosphère trop chargée de parfums.

V

L'assaut de l'Opéra.

Horace Vernet, le brillant artiste, eut un jour une idée originale.

Occupé à peindre, dans son atelier, un tableau qui absor

Madame Hubert.

hait toute son application, il ne put continuer ce travail assidu, au milieu du tapage que faisaient autour de lui ses élèves, ses amis, ses admirateurs, les curieux, les indifférents et les fâcheux qui remplissaient cet endroit

Il laissa inachevée la toile de ses prédilections, en posa une autre sur son chevalet, et avec cette facilité singulière dont il a l'heureux privilége, il se mit à esquisser la scène turbulente qu'il avait sous les yeux.

Cette œuvre est sans contredit une des plus remarquables productions de sa verve si féconde, si pittoresque et si spirituelle.

Voici ce qu'elle représente :

Le peintre est à son chevalet, près duquel s'est établie une conversation à haute voix.

Les albums feuilletés, quelques croquis crayonnés au hasard, des jeunes sculpteurs modelant la terre glaise et armés de leur ébauchoir, forment la partie studieuse de cette multitude turbulente.

Ailleurs, il y a des joueurs d'échecs et de dames, éperdus dans ce brouhaha ; un amateur bat du tambour, un autre dilettante sonne du cor ; la trompette résonne aussi.

Un assaut d'armes ; une leçon de boxe, une autre de bâton, se joignent à ces distractions et en augmentent le bruit.

Les oisifs causent à tue-tête et peu s'en faut que l'on n'ait dressé dans l'atelier un tir au pistolet.

Ajoutez à cela la fumée des pipes et des cigares, les armes, les uniformes, la friperie et le bric-à-brac qui donnent à cet endroit l'aspect d'un magasin où sont entassés les accessoires d'un théâtre, et vous aurez à peine une idée vague, faible et imparfaite de ce chaos, d'où ont si souvent jailli de brillantes clartés.

Le lieu de réunion, appelé *Capharnaüm* par les cavaliers, avait plusieurs points de ressemblance avec ce que nous venons de décrire.

C'était dans une vaste salle, au rez-de-chaussée d'une maison de la rue Neuve-Saint-Augustin.

Ce lieu élevé, spacieux et éclairé par de hautes fenêtres n'avait presque point de meubles.

Les murailles en étaient blanchies à la chaux.

Les cavaliers avaient fait de cette pièce isolée du reste de l'édifice, et qui donnait sur la cour, une espèce de refuge, où ils pouvaient, sans crainte des regards importuns, se livrer à leurs ébats intimes.

Le *capharnaüm* tenait plus du hangard que de toute autre chose.

Pour ceux qui le hantaient, c'était à la fois une arène, une académie, un gymnase, un cercle ou un club.

Ils s'y rendaient à toute heure, sans ordre et sans convocation ; de là ils arrangeaient leur vie de la journée et celle de la nuit ; les femmes y étaient admises et se mêlaient à leurs jeux ; elles n'étaient exclues que des réunions solennelles.

Dans le *capharnaüm* des cavaliers, les choses se passaient à peu près comme dans l'atelier d'Horace ; seulement on y donnait des leçons de ce combat personnel,

On allait au pas, par un sentiment de respect et comme si les funérailles étaient commencées.

Il était près de trois heures.

Hors du bois, on rencontra la file des équipages qui s'avançaient par la pompeuse avenue des Champs-Elysées, si pittoresque et si hautement monumentale qu'on croirait entrer dans une de ces cités merveilleuses bâties par les rois assyriens.

La journée était si radieuse que toute l'opulence, toute l'aristocratie et toute l'élégance parisienne avaient répondu à ce premier appel des beaux jours.

Les jeunes cavaliers y étaient surtout nombreux, et celui qui, il y a quelques instants, en était l'honneur, était-là gisant, le cœur percé d'une balle, au milieu de ces ébats qu'il avait partagés avec tant de charme et de bonheur !

On s'arrêta enfin à la demeure que Paul s'était plu à embellir pour y recevoir cette douce et naïve compagne sur le cœur de laquelle il avait fondé l'édifice de sa félicité ; l'objet adoré de toutes ses prédilections, la femme en qui reposait toutes ses espérances.

Il y avait une ironie sanglante dans cette journée enchantée qui allait faire rouler à côté de la corbeille de la fiancée, le cercueil de ce jeune époux qu'elle croyait tenir de la main de Dieu lui-même.

Au moment où les domestiques de la maison, avertis par le valet de chambre qui avait accompagné son maître, étaient réunis pour enlever le corps de leur jeune maître, on vit accourir de loin un vieillard.

XIX

L'expiation.

Lorsqu'on raconte des faits simultanés, il faut souvent revenir aux endroits qu'on quitte à peine.

Rentrons chez la comtesse de Montauban.

Un petit nuage s'est levé dans l'azur du jardin.

Le jour s'avance et Paul ne paraît pas.

L'inquiétude est fort légère encore, et ressemble toujours à l'impatience.

On suspend, à chaque minute, l'entretien, et les oreilles se penchent du côté de la rue, toutes les fois qu'on entend et qu'on croit entendre le bruit d'une roue, le pas d'un cheval.

— C'est bien singulier ! disait madame de Montauban... Il y a... maintenant, dans ce retard, quelque chose que je ne comprends pas...

— C'est un retard comme un autre, disait le comte de Kéradec, en souriant. On ne vient pas parce qu'on ne peut pas venir.

— Oh ! c'est incontestable ! remarqua la comtesse... Mais pourquoi ne peut-on pas venir ? Voilà ce que je voudrais savoir.

Nos femmes ont toujours conservé, par tradition, l'instinct gaulois, et les facultés divinatoires des prêtresses de l'île de Sayne.

Elles ont de vagues révélations et des pressentiments sinistres, à l'heure des événements solennels.

C'était le moment où une balle perçait la poitrine de Paul.

Où Raoul tuait le fils de sa sœur Anna.

La comtesse éprouvait des frissons, comme si l'air du jardin eût ramené tout à coup en avril le dernier froid de l'hiver.

Fleurette perdait insensiblement les fraîches couleurs de son teint ; la rose devenait lis, un nuage passait dans ses beaux yeux d'azur, et une perle de larmes étincelait sous la prunelle.

Le comte de Kéradec était trop plongé dans l'extase du bonheur pour consentir à supporter le moindre accès de tristesse déraisonnable.

Il soutenait seul la conversation, en répondant par des phrases à des monosyllabes, tristes comme des soupirs.

Les raisonnements les plus sages ne détruiront jamais la folle théorie qui nous fait croire à ces effluves magnétiques, à ces mystérieuses transmissions qui passent d'une âme à une autre, à travers une longue distance, et donnent une poignante secousse, comme si une main invisible touchait notre front, comme si un murmure de voix connues parlait à notre oreille. *Plus loin les âmes, plus près les corps* a dit un poète allemand.

La jeune mariée se leva vivement, et secoua la tête, comme si elle eût entendu une voix, un écho, un bruit qu'elle ne devait pas entendre.

Elle passa devant un miroir et n'osa s'y regarder, de peur d'y rencontrer quelque horrible apparition.

Le comte se leva aussi, mais en riant ; et pour faire diversion aux ennuis d'une trop longue attente, il crut faire une chose adroite, en traitant un sujet toujours amusant pour les femmes.

— En courant hier les boutiques, dit-il, pour chiffonner, comme si j'avais l'honneur d'être femme, je me suis arrêté dans la rue Saint-Honoré pour voir les trousseaux des princesses. Ils sont exposés dans une pièce à part, et avec un ordre admirable.

Cela pousserait au mariage même les sexagénaires garçons, tous les hommes riches, enfin, jeunes ou non, ceux qui éprouvent tant de bonheur en voyant les femmes heureuses.

Figurez-vous un vrai bazar de jeune mariée millionnaire, où le génie de la mode a prévu tous les caprices et toutes les adorables fantaisies de la grâce et de la beauté.

Un assortiment complet de robes décore les murs, et les habille, avec un choix exquis de nuances et de couleurs. Cela donne du bonheur aux yeux. Les chapeaux sont sur les champignons, ainsi que les bonnets et les autres coiffures habillées. Dans des étagères sont les cartons ouverts qui contiennent les fleurs, les plumes, les rubans, les gants, les souliers.

Une autre pièce contient toute la lingerie ; c'est là que se font admirer les prodiges de la dentelle, les miracles de la broderie et toutes les merveilles de l'aiguille. Les châles et les fourrures ont un asile réservé ; enfin, dans le sanctuaire, sont élégamment disposés les parures étincelantes, les bijoux, les coffres riches et incrustés, les porcelaines, les bronzes, le mobilier mignon du boudoir et de l'étagère, du prie-Dieu et du pupitre.

La corbeille, c'est-à-dire le coffre de bois précieux, niellé d'arabesques incrustées d'acier, d'or, d'argent et de nacre, est sur une estrade au-dessous de laquelle s'étend un riche tapis de velours cramoisi, brodé et crépiné d'or. Les cristaux, le vermeil, les essences, les parfums, les raffinements, les délices et les mystères de la toilette, sont dans un compartiment séparé. Il n'y a vraiment que Paris au monde pour inventer et établir avec un goût si parfait ce trésor de la jeune femme. Nous irons voir cela, n'est-ce pas, mes amies?... Quand vous voudrez... L'exposition durera un mois encore... Nous n'allons pas nous enterrer tout à fait en Normandie... il y aura bien une escapade de vingt-quatre heures, de temps en temps... nous serons si près de Paris... Eh bien! vous me laissez parler tout seul, madame? vous me condamnez au monologue? Fleurette, veux-tu essayer ta parure de diamants?

— Oh! s'écria la comtesse en regardant la pendule et en frappant du pieds le tapis, oh! ceci commence à n'être plus naturel! Comte de Kéradec, vous êtes calme, vous, comme un homme qui ne redoute rien!

Le comte regarda sa parente, croisa les bras et ne répondit rien.

La jeune fille embrassa la comtesse en pleurant.

— Mais, reprit la comtesse en trépignant, nous n'avons pas la sortie libre, nous, comme les hommes! Que faites-vous ici à nous raconter des histoires de trousseaux? Sont-ils étranges, les hommes! ils croient que toute notre âme est au fond d'un écrin et dans les plis d'un cachemire! Quand notre cœur se brise, nous brûlerions, pour nous guérir, tous les chiffons de l'Inde et tous les cailloux des bijoutiers!... Au nom du ciel! monsieur le comte, délivrez-nous de nos terreurs; une minute de plus est intolérable; c'est un supplice de damné! La pauvre enfant se meurt... Mais votre intelligence vous fait défaut! votre bonheur vous étourdit! Avez-vous oublié qu'il y a dans le monde des périls, des embûches, des Raoul!...

A ce nom, le comte de Kéradec bondit, comme s'il se fût réveillé en sursaut, blessé au cœur, après un rêve de délices, et ne répondant que par un geste, il s'élança, d'un pas alerte, vers la porte, comme un jeune homme de vingt ans.

Comme nous l'avons déjà vu, le comte arriva au moment où un domestique ouvrait la portière de la voiture funèbre.

— Oh! pensa-t-il, les femmes perdent toujours la tête pour des visions! Je savais bien, moi, qu'il ne pouvait rien arriver de fâcheux! Le malheur n'a qu'un temps.

Et il se disposait à serrer dans ses bras son fils Paul, pour le conduire aux pieds de sa femme, lorsque ses mains tombèrent sur un cadavre déjà glacé!...

Un cri d'angoisse, l'inimitable cri des pères et des mères

désolés, éclata devant cette voiture de mort, et une voix éplorée dit au malheureux vieillard :

— Tué en duel par M. le comte d'Entreterre...

A ces mots, le vieillard consterné fléchit les genoux, et, la tête courbée, il prononça ces paroles :

— Mon fils! tué par le frère d'Anna, sa mère!... Mon Dieu! votre justice a été inflexible!

Cette fois, ce n'était pas une imprécation, c'était le dernier cri du repentir!

. . . .

Les funérailles de Paul eurent lieu le lendemain avec une pompe extraordinaire ; le concours y fut immense.

Les regrets y furent sincères.

La nef étincelante de lumières portait sur les draperies funèbres un chiffre de deux lettres : P. et K, et les armes des comtes de Kéradec.

Dans un coin de la nef, le plus sombre du monument, étaient deux femmes et un vieillard vêtus de deuil ; tous trois versaient des pleurs et leurs sanglots étaient déchirants.

Le vieillard suivit le convoi jusqu'au cimetière ; il vit le corps embaumé de Paul descendre dans la tombe, dans un cercueil de plomb enfermé dans un coffre d'ébène, richement garni d'argent.

Quand la foule se fut retirée, il s'avança vers la fosse et jeta une dernière poignée de terre.

C'était l'expiation!

ÉPILOGUE

Le comte de Kéradec disparut sans que personne sût où il s'était réfugié.

En sortant du cimetière, il rentra chez lui, écrivit quelques lignes adressées sans doute à Félippo Lodi, fit quelques préparatifs et sortit.

Depuis ce temps, nul n'a eu de ses nouvelles.

Madame la comtesse de Montauban et sa nièce ont quitté Paris précipitamment pour aller s'ensevelir, vivantes, dans la belle terre qui forme le fief de cette noble famille.

Rodolphe, après avoir lu la lettre de Paul, a compris qu'il s'ourdissait contre son ami quelque drame d'abominable vengeance, et il est accouru à Paris.

N'ayant pas été prévenu assez tôt, il est arrivé trop tard.

Le chagrin qu'il a éprouvé en apprenant la mort de Paul l'a tellement frappé qu'il est tout de suite retourné en Algérie.

Écrasé par la douleur, son courage a été poussé jusqu'à la témérité.

Toujours à l'avant-garde, toujours le plus ardent, toujours au milieu des ennemis, y cherchant la mort et bravant le péril, il a étonné l'armée, et il est parvenu en très-peu de temps aux grades supérieurs.

Cette fortune ne l'a point consolé, une pensée funeste le tourmente, il se reproche d'avoir quitté Paul, et attribue à son absence les tristes événements qu'il a eu à déplorer.

C'est presque un remords.

Malgré la gravité de sa blessure, le comte Raoul a survécu ; le jeune chirurgien qui lui a donné les premiers soins l'a sauvé ; mais les traces de l'atteinte qu'il a reçue sont profondes et ont engendré un marasme qui n'a pas seulement altéré sa santé, mais qui a porté le trouble dans l'intelligence, la raison et les facultés morales de cet esprit malheureux et toujours si près du vertige.

Cette langueur fait d'effrayants progrès et les médecins les plus célèbres, réunis en consultation, ont ordonné au malade d'aller sans retard respirer l'air d'un climat plus doux et plus tempéré que celui de la France, et surtout au moment où l'hiver était proche.

C'était en 1835, année si tristement mémorable par la rigueur du froid.

Par une nuit glaciale une chaise de poste, venant d'Aoste, après avoir tourné la première chaîne des Alpes, s'arrêtait à Hospitalet, qui est la première étape de la route du mont qui porte le nom du grand Saint-Bernard.

Dans cette voiture, était, avec deux domestiques, un homme âgé d'environ trente-huit ans, mais vieilli et cassé par une caducité précoce : il grelottait sous d'épaisses fourrures, et l'on n'apercevait que son visage auquel des yeux livides donnaient un air égaré.

La souffrance que lui causait le froid, malgré la chaude enveloppe qui le couvrait entièrement paraissait l'irriter, et il voulut, après une courte halte, se remettre en route, afin d'arriver à l'hospice le plus tôt possible.

L'hôte chez lequel il était descendu et tous les gens de l'endroit, les guides eux-mêmes, eurent beau lui déclarer qu'il fallait laisser passer la nuit et attendre le lendemain pour se remettre en route, on lui fit part des signes sinistres qui annonçaient la tempête et l'ouragan ; son impatience ne voulut rien entendre.

Il fallut se mettre en route.

Il paya aux guides un triple salaire pour les déterminer à le conduire sur la montagne.

Les pronostics des habitants de l'Hospitalet n'étaient que trop exacts.

On était trop engagé sur la route, lorsqu'on entendit au loin le vent impétueux mugir dans les gorges des monts environnants.

On marchait entre deux hautes murailles de neige que l'ouragan pouvait renverser.

A l'hospice, les présages de l'atmosphère avaient mis tout le monde sur pied ; les uns priaient, les autres veillaient.

Ce vaste établissement date du dixième siècle ; il est de l'ordre de Saint-Augustin et fut fondé par Saint-Bernard.

C'est la plus importante des maisons hospitalières placées sur la crête des Alpes.

Les voyageurs y sont recueillis, logés et nourris gratuitement ; mais la charité de ces solitaires ne se borne pas à ces soins.

Pendant huit mois de l'année, ces contrées sont désolées par la rigueur excessive du froid ; le thermomètre y descend de vingt à trente degrés Réaumur ; le ciel n'est serein que huit ou dix fois par an ; chaque matin il y gèle.

L'élévation de ces lieux est de deux mille deux cent quatre-vingt-quatorze mètres au-dessus du niveau de la mer.

Les pères, durant ce temps de désastres, accompagnés par des chiens fidèles et dressés à flairer et à suivre la piste des voyageurs égarés, parcourent les endroits les plus périlleux de la montagne et les amènent au couvent.

Malgré ce zèle, on trouve tous les ans des cadavres ensevelis sous la neige.

Ces dangers n'empêchent pas le nombre des voyageurs de s'élever chaque année à sept ou huit mille.

Vers minuit, un guide arriva à l'hospice, annonçant qu'une chaise de poste venait de verser et était enfouie dans la neige.

A cette nouvelle, on appela le père Joseph, le plus intrépide et le plus infatigable de la communauté.

Il se mit en route avec le guide qui porta la boîte, et ses deux chiens les mieux dressés, Black et Phylas, les deux plus beaux produits de la forte et noble race de ces montagnes.

Le père Joseph marcha en avant, portant une lanterne allumée.

Il connaissait si bien tous les chemins de ces solitudes qu'il arriva promptement à l'endroit indiqué par le guide.

Bientôt le voyageur, gens, bêtes et équipages furent hors de dangers.

Le père Joseph, avant de se remettre en route vers l'hospice, eut la fantaisie de regarder à la clarté de sa lanterne les traits du voyageur dont la voix l'avait ému.

Il porta la lumière droit en face de son visage et reconnut le comte Raoul d'Entreterre.

Alors, il s'agenouilla sur la route, dans la neige, et s'écria avec enthousiasme :

— Je vous remercie, mon Dieu ! mon repentir a été écouté, puisque vous avez permis que j'eusse le bonheur de sauver la vie à l'homme qui a tué mon fils !

— Qui donc êtes-vous ? demanda Raoul d'un ton effaré.

— Je suis le Pirate, répondit le vieillard à longue barbe blanche.

Lorsqu'on arriva à l'hospice, Raoul était fou.

FIN.

Sceaux. — Typographie de E. Dépée.

BIBLIOTHÈQUE DE BONS ROMANS ILLUSTRÉS

Madame V. Ancelot.
	F. C.
Laure	1 »
2 séries à 50 c.	
Georgine	1 »
Fille d'une Joueuse	1 »
2 séries à 50 c.	

Anonyme.
Mémoires secrets du duc de Roquelaure	4 »
4 séries à 1 fr.	

Augu.
Montgommery	» 50

Jules Boulabert.
La Femme bandit	3 »
6 séries à 50 c.	
Les Amants de la baronne	1 50
3 séries à 50 c.	
Les Catacombes sous la terreur	1 50
3 séries à 50 c.	
Le Fils du supplicié	1 50
3 séries à 50 c.	
La Fille du Pilote	2 50
5 séries à 50 c.	

Élie Berthet.
L'Oiseau du désert	1 »
2 séries à 50 c.	
Le Château de Montbrun	1 »
2 séries à 50 c.	

Jules Cauvain.
Le Voleur de diadème	1 50
3 séries à 50 c.	

Ernest Capendu.
Mademoiselle la Ruine	1 50
3 séries à 50 c.	
Le Pré Catelan	1 »
2 séries à 50 c.	
Surcouf	» 50

Chardall.
Le Bâtard du roi	1 »
2 séries à 50 c.	
Les Jarretières de madame de Pompadour	1 »
2 séries à 50 c.	
Les Vautours de Paris	1 50
3 séries à 50 c.	

Fabre D'Olivet.
Le Chien de Jean de Nivelle	1 »
2 séries à 50 c.	

Charles Deslys.
Les Compagnons de minuit	1 »
2 séries à 50 c.	
Le Canal Saint-Martin	1 50
3 séries à 50 c.	
Le Mesnil au bois	» 50
La Jarretière rose	» 50
L'Aveugle de Bagnolet	» 50

PUBLIÉ PAR Alexandre Dumas.
Vie et aventures de la princesse de Monaco	1 50
3 séries à 50 c.	

Paul Duplessis.
	F. C.
Le Batteur d'Estrade	2 50
5 séries à 50 c.	
Les Boucaniers	2 50
5 séries à 50 c.	
Les Étapes d'un Volontaire	2 50
5 séries à 50 c.	
Maurevert l'aventurier	2 »
4 séries à 50 c.	

Octave Féré.
Bergère d'Ivry	1 50
3 séries à 50 c.	

A. de Gondrecourt.
Le Dernier des Kerven	1 50
3 séries à 50 c.	
Les Péchés mignons	2 »
4 séries à 50 c.	
Les Jaloux	1 50
3 séries à 50 c.	
Mademoiselle de Cardonne	1 »
2 séries à 50 c.	

Constant Guéroult.
La Pie voleuse	» 50

Henri de Kock.
Médecin des Voleurs	2 »
4 séries à 50 c.	
Mystères du village	1 »
2 séries à 50 c.	
Auberge des Treize Pendus	1 50
3 séries à 50 c.	
Une Tigresse	1 »
2 séries à 50 c.	
Amants de Lucette	» 50
Amoureux de Pierrefonds	» 50

G. de la Landelle.
Les Géants de la mer	3 50
7 séries à 50 c.	
Les Îles de glace	1 50
3 séries à 50 c.	

Xavier de Montépin.
Viveurs de province	2 »
4 séries à 50 c.	
La Perle du Palais-Royal	1 »
2 séries à 50 c.	
La Fille du Maître d'école	» 50
Coco le Baraquer	» 50
Le Compère Leroux	» 50
La Borghetta	» 50
Marie de la Garde	» 50
Un Amour de Pêcheresse	» 50
La Sirène	» 50

Th. Labourieu.
Un Ouvrier gentilhomme	» 50

Maximilien Perrin.
Le Bambocheur	1 »
2 séries à 50 c.	
Mémoires d'une Lorette	1 »
2 séries à 50 c.	

Alexis Muenier.
	F. C.
Le Comte de Soissons	1 »
2 séries à 50 c.	

Méry.
Un Carnaval à Paris	1 »
2 séries à 50 c.	

Louis Montchamp.
La Jolie Fille du Marais	» 50

Victor Perceval.
La Plus laide des Sept	1 »
2 séries à 50 c.	
La Pupille du Comédien	» 50
Béatrix	» 50
Blanche	» 50
Un Amour de czar	» 50
Un Excentrique	» 50

Ponson du Terrail.
Un Crime de jeunesse	1 »
2 séries à 50 c.	

De Peyremale.
Était-il fou?	» 50

Rouquette & Moret.
Médecin des Femmes	1 50
3 séries à 50 c.	

Rouquette & Fourgeaud.
Les Drames de l'amour	1 »
2 séries à 50 c.	

Rouquette.
Ce que coûtent les Femmes	1 »
2 séries à 50 c.	

Vidocq.
Vrais Mystères de Paris	2 »
4 séries à 50 c.	

Louis Noir.
Le Coupeur de Têtes	2 »
4 séries à 50 c.	
Le Lion du Soudan	2 »
4 séries à 50 c.	
Le Corsaire aux cheveux d'or	2 »
4 séries à 50 c.	
Jean Chacal	1 »
2 séries à 50 c.	

Bouyer.
L'Amour d'un Monstre	» 50

De Rieux.
Ces Messieurs et ces Dames	1 »
2 séries à 50 c.	

Marquis de Foudras.
La Comtesse Alvinzi	1 »
2 séries à 50 c.	

Pierre Zaccone.
Les Rôdeurs de nuit	1 50
3 séries à 50 c.	
Drames du Palais de Justice	1 50
3 séries à 50 c.	
L'Assassinat de la rue Maubuée	1 »
2 séries à 50 c.	

Sceaux. — Typographie de E. Dépée.

www.ingramcontent.com/pod-product-compliance
Lightning Source LLC
Chambersburg PA
CBHW070708050426
42451CB00008B/553